COLEÇÃO
PENSADORES & EDUCAÇÃO

Heidegger & a Educação

Roberto S. Kahlmeyer-Mertens

Heidegger & a Educação

autêntica

Copyright © 2008 by Roberto S. Kahlmeyer-Mertens

COORDENADOR DA COLEÇÃO PENSADORES & EDUCAÇÃO
Alfredo Veiga-Neto

EDITORAÇÃO ELETRÔNICA
Tales Leon de Marco

REVISÃO
Vera Lúcia De Simoni Castro

EDITORA RESPONSÁVEL
Rejane Dias

Todos os direitos reservados pela Autêntica Editora. Nenhuma parte desta publicação poderá ser reproduzida, seja por meios mecânicos, eletrônicos, seja via cópia xerográfica, sem a autorização prévia da editora.

AUTÊNTICA EDITORA LTDA
Rua Aimorés, 981, 8º andar . Funcionários
30140-071 . Belo Horizonte . MG
Tel: (55 31) 3222 68 19
TELEVENDAS: 0800 283 13 22
www.autenticaeditora.com.br

Dados Internacionais de Catalogação na Publicação (CIP)
Câmara Brasileira do Livro, SP, Brasil

Kahlmeyer-Mertens, Roberto S.
Heidegger & a Educação / Roberto S. Kahlmeyer-Mertens. — Belo Horizonte : Autêntica Editora, 2008. — (Coleção Pensadores & Educação)

Bibliografia.

ISBN 978-85-7526-329-7

1. Educação - Filosofia 2. Heidegger, Martin, 1889-1976 - Crítica e interpretação I. Título. II. Série.

08-05099   CDD-193

Índices para catálogo sistemático:
1. Heidegger : Educação : Filosofia
193

Sumário

Introdução 7
   Heidegger educador?............................... 11
Capítulo I – Fenomenologia, existência e educação 15
   A fenomenologia de Husserl, um projeto de rigor ... 15
   A síntese heideggeriana da fenomenologia 18
   A influência da fenomenologia sobre
   o existencialismo na educação 21
**Capítulo II – Idéias para uma educação
heideggeriana?** 25
   O cuidado: elemento de uma educação
   para a singularidade 25
   Educar em favor da singularidade
   e contra o impessoal 28
Capítulo III – Idéias pedagógicas de Heidegger? 35
   "Matemática": conceito fundamental
   ao processo ensino/aprendizagem 35
   A difícil tarefa de ensinar/aprender 39
**Capítulo IV – Projetos de Heidegger a uma
educação pública** 43
   Educação e política na Alemanha
   do Heidegger reitor 45
   A educação universitária para
   uma política totalitária 47
   Interpretação da paidéia em *A doutrina
   de Platão sobre a verdade* 56

Capítulo V – Heidegger e seus pares 65

Considerações finais 77

Cronologia de vida e obra 81

Sites de interesse na internet 85

Referências 89

O autor 95

Introdução

Com o título de *Heidegger & a Educação*, pretendemos tratar da relação da filosofia do autor com a educação, problematizando-a. Especificamente, apresentaremos ao público, com formação em áreas afins, de que modo Heidegger interpreta temas como o cuidado, o processo ensino-aprendizagem, além de apresentar suas polêmicas compreensões político-pedagógicas. Busca-se, assim, uma introdução ao pensamento do filósofo alemão.

Mesmo entendendo que poucos são os momentos em que o filósofo aborda expressamente a educação, insuficientes para compor uma *filosofia da educação*, a proposta se justifica por oportunizar uma aproximação ao pensamento do autor (pouco estudado se, proporcionalmente, levada em conta sua importância em diversas correntes de pensamento); a cujos temas geralmente recorrem ao pensar. Trataremos de maneira explicativa a filosofia de Heidegger, buscando uma introdução que desfaria sua pecha de hermético.

O estudo utiliza-se de passagens de diversos textos do autor, dos comentários de seus estudiosos mais acatados e busca inovar, ao trazer em sua bibliografia, as contribuições interpretativas que os autores da educação fazem de Heidegger. Produto de pesquisas elaboradas desde 2003, cujos saldos parciais já foram publicados como protótipos em periódicos acadêmicos,[1] vimos também trazer nossa

---
[1] Cf. Referências.

modesta contribuição com a crescente demanda da filosofia na atualidade, fenômeno em parte explicado por sua expansão às novas áreas do ensino, rompendo as fronteiras da academia e também pelo aumento do interesse dos educadores em refletir sobre aqueles que seriam os fundamentos filosóficos da educação.

Tratar da filosofia de Heidegger, e pretender uma introdução a essa, oferece o mesmo risco que é iminente a toda filosofia: traduzir o pensamento a uma disciplina. Entendida normalmente como uma apresentação explicativa que troca uma matéria em seus elementos, a introdução seria, inevitavelmente, reducionista, convertendo o pensamento a um produto palpável, passível de ser intercambiável e cheio de utilidade. A partir daí, pode ser reproduzido, de maneira, de maneira técnica como mais uma disciplina, já esquecida de sua dimensão mais radical. Heidegger vai afirmar que essa tendência parece freqüente, observando que também "as filosofias platônicas e aristotélicas sucumbiram ao destino, do qual nenhuma filosofia escapa: elas se tornaram filosofias escolares" (HEIDEGGER, 2003, p. 43).

Pode ser, contudo, que seja uma *introdução* capaz de cumprir sua tarefa sem incorrer nessa disciplinarização. Isso ocorreria quando essa, mais que apresentar, nos remetesse *para dentro*, como sugere o termo. Daí, introdução significar pôr no interior de um universo no qual se fomentam questões filosóficas relevantes.

Mas, ao nos movermos nesse novo âmbito, nem sempre somos hábeis, pois ele exige que nos deixemos tomar por suas questões, que assumamos, experimentalmente, certos posicionamentos, em que o pensar não é dado desde o início sem algum esforço. Daí, mover-se nessa filosofia exigiria que aprendêssemos a pensar. A afirmação não quer subestimar ninguém, não pressupõe que sejamos incompetentes para usar o intelecto do modo com que geralmente as situações nos requisitam, mas se refere especificamente ao exercício pretendido aqui para driblar o risco de uma introdução que reduz o pensar a dados, informações e teorias.

Assim, Heidegger nos diz: "[...] aprende-se na medida em que se traz o fazer e seu deixar ser humano à correspondência do essencial em cada caso. Aprendemos o pensar no atentar ao que é pensável" (HEIDEGGER, 1984, p. 1).

O pensável aqui é a educação. Ela é tema de nosso *interesse*, para nosso autor, inter-esse significa estar sob e entre as coisas, estar em meio a uma coisa e ficar junto a ela. Isso quer dizer que aprender a pensar a educação na filosofia de Heidegger depende de um estar atento a essa, depende de um colocar-se nessa e de tomar-lhe como problema, buscando apreender nela o que há de mais essencial.

Assim, nosso estudo é distinto de uma filosofia da educação, ele (diverso de visões como a enciclopédica ou de outras interpretações parciais da educação) busca propiciar um ponto de contato da filosofia com a educação, e não apenas um estudo *crítico* sobre temas da educação; parte dos problemas da educação à reflexão filosófica.

A interseção (entre filosofia e educação), entretanto, não indica qualquer submissão de um saber ao outro; isto é, da educação sobre a filosofia, nem seu inverso. Insistir no contrário seria reduzir uma a serva da outra, a filosofia como serva da educação (uma vez que contribuiria apenas com o aparato lógico-argumentativo capaz de viabilizar tal análise) como tantas vezes foi feito no medievo, referindo-se à teologia: *philosophia ancilla theologiae*.

De maneira simples, o estudo das questões fundamentais da educação carece não de uma filosofia da educação, mas de uma filosofia *na* educação (*sic*). A proposição imediata, que poderia sugerir um gracejo desprovido de conteúdo efetivo, aponta à necessidade de tomarmos as questões filosóficas da educação a partir do terreno teórico no qual têm origem. Isso significa que o presente estudo consideraria os problemas no âmbito de um pensamento ontológico-existencial relativo às demais reflexões sobre aspectos da realidade, como a linguagem, a cultura, a vida social, o trabalho, a história, a educação, a existência e sua verdade.

Passa a não mais estar em jogo apenas um discurso crítico sobre doutrinas da educação, tampouco uma historiografia de seus temas. Temos, agora, a filosofia toda na educação, demonstrando como essa pode pensar os problemas da educação a partir de um autor filósofo. Não se trataria de pensar a educação como coisa distante sobre a qual se disserta informando, mas de pensar filosoficamente o educar, aprofundando suas questões numa reflexão de modo a *pôr a educação no centro do diálogo com o pensamento filosófico*. Essa tarefa exige um contato somente possível por meio de uma introdução à filosofia, isto é, não um saber elementar coletor de notícias filosóficas, mas um dispor-se ao universo da filosofia, um comprometer-se autenticamente com as questões desde essa perspectiva.

Deriva daqui o sumário de nosso trabalho, no qual as idéias se dispõem da seguinte maneira:

Capítulo I: Contextualização do pensamento de Heidegger ligado ao projeto da fenomenologia; a influência de Husserl e de seu audacioso projeto; os desdobramentos que esses esforços tiveram em escolas filosóficas posteriores como o Existencialismo e na compreensão educação embasada neste.

Capítulo II: Uma primeira aproximação às idéias de Heidegger para a educação, entre as quais a *existência*, a *impessoalidade*, o *cuidado* e a *singularidade* se destacam.

Capítulo III: Apresentação de possíveis idéias apropriadas como os princípios pedagógicos de Heidegger. Momento no qual poderíamos abordar indicações de como o autor entende o conhecimento e o processo ensino-aprendizagem.

Capítulo IV: Tópico no qual se aborda, sob o pano de fundo histórico, os projetos de Heidegger a uma educação pública durante o período em que foi reitor na Universidade de Freiburg. Analisaremos aqui uma série de aspectos que nos permitem refletir sobre a educação à luz das idéias totalitárias vigentes na época. Explicaremos também a interpretação que Heidegger faz da alegoria da caverna de Platão e como isso poderia associar-se aos projetos sócio-políticos da educação para uma autocracia.

Capítulo V: Nesse ponto, antes de concluirmos, pretendemos uma apresentação que torna possível posicionar

Heidegger ao lado de outros pensadores de sua época, mais especificamente, preocupados com a educação.

Heidegger educador?

Heidegger não é um educador. Não, se entendermos por educador um "teórico da educação". Heidegger é um pensador da filosofia. Assim como a maioria dos pensadores, esteve envolvido com a atividade docente. Lecionou filosofia, era professor. Ocupou-se do ensino de filosofia durante grande parte de sua vida, ministrando cursos e conferências em muitos países.

Nascido em Messkirch/Alemanha, em 1889, foi professor da Universidade de Freiburg, da qual também foi reitor em 1933. Aluno e assistente de Edmund Husserl (1859-1938), teve seu nome ligado a uma das mais importantes escolas filosóficas daquele período, a *fenomenologia*, sendo mestre de importantes nomes da filosofia contemporânea como Herbert Marcuse, Hannah Arendt, Hans-Georg Gadamer, Emmanuel Levinás e Hans Jonas.

Mais importante que essa breve nota biográfica é a menção à sua obra, programada para uma edição em mais de cem volumes, na qual presenciamos seus projetos para a filosofia e sua didática.

Entre os escritos de Heidegger, encontramos diversos tipos de texto. Não seria incorreto agrupá-los, quanto à sua forma, em três categorias: *tratados, conferências* e *preleções*.

Entre os primeiros, encontramos textos produzidos com o intuito de investigar extensa e profundamente um tema. É o caso de trabalhos como *A teoria do juízo no psicologismo (1914)*, que garantiu a Heidegger o título de doutor; *A doutrina das categorias e significação de Duns Scot (1916)*, texto que habilitou o autor à docência e *Ser e tempo (1927)*,[2] considerado sua principal obra. Entre esses escritos, observa-se a

---

[2] Alguns estudiosos sustentam que o único tratado que Heidegger realmente teria escrito seria *Ser e tempo*, sendo os outros textos escritos sob exigências institucionais, não tão representativos no conjunto da obra (STEINMANN, 2007).

linguagem técnica específica à filosofia, geralmente obedecendo à divisão rigorosa de partes, capítulos, tópicos e subtópicos. Alguns comentadores chegam a comparar essa distribuição a de um contrato, cheio de cláusulas, marca que, na maior parte das vezes, coincide com o período em que Heidegger conviveu com Husserl. Segundo seu biógrafo, encontramos ali um tom "quase de engenheiro em suas descrições frias, ontológico-fundamentais" (Safranski, 2000, p. 187). Geralmente, esses textos oferecem resistências às primeiras leituras, dada a sua densidade e especialidade, mas tendo a seu favor uma disposição regular de seus escritos.

As conferências são textos que o autor apresentou em circunstâncias de congressos e eventos. Caracterizam-se por serem textos concentrados, sintéticos e de grande vigor intelectual, nos quais é comum observarmos o filósofo retomar questões desenvolvidas por longos anos em outros escritos. Esse tipo de texto oferece grande dificuldade ao leitor, uma vez que é preciso que se tenha conhecimento da obra de Heidegger para acompanhar argumentos e desdobramentos que parecem ficar pressupostos em determinados momentos.

As preleções são textos didáticos, escritos para sala de aula. Na Alemanha, bem como em toda a Europa, a preleção (*Vorlesung*) é um tipo de curso ainda muito usual. Consiste basicamente na leitura de um texto preparado pelo professor e que é lido na cátedra para os alunos. O tempo de cada lição semanal pode variar. Durante comumente duas horas, esses encontros podem se delongar um ou mais semestres. Após o término do curso, é costume reunir os textos apresentados para a publicação, convertendo-os em material bibliográfico de apoio aos discentes.

É nos textos escritos especialmente para a cátedra que encontramos o melhor testemunho de sua prática educativa. Nesses textos, presenciamos demonstrações da preocupação do autor em adequar seus métodos ao perfil de seus discentes, utilizando uma linguagem didática, esquemas e imagens cuidadosamente escolhidos para ilustrar e esclarecer idéias mais abstratas.

Heidegger escreveu muitas preleções.[3] Essas chamam atenção pela originalidade de suas interpretações da filosofia de autores da tradição. É isso que se confere em textos como *Kant e o Problema da Metafísica (1929), Schelling – O tratado da essência da liberdade humana (1936), Heráclito (1943-44);* entre as demais preleções encontramos: *Conceitos fundamentais da metafísica (1929-30), Introdução à metafísica (1935) Contribuições à filosofia – do acontecimento (1936-38) e O que significa pensar? (1951-52).*

Ainda considerando isso, seria forçosa a pretensão de incluir Heidegger no rol dos pensadores da educação, uma vez que os momentos em que os problemas da educação são tratados em sua filosofia são esparsos e apenas subministram preocupações que podem ser consideradas fortuitas e insuficientes para compor o *corpus* de uma filosofia da educação heideggeriana (OZMON; CRAVER, 2004.). Em verdade, Heidegger não colocou expressamente questões como: O que é educação? Para que educar? É possível educar alguém? Que tipo de educação é necessário?... Entretanto, tendo sido um filósofo e não um pedagogo, o autor trouxe contribuições às Ciências Humanas, inclusive para a educação, na medida em que empreendeu toda uma investigação acerca do sentido do ser e da existência do Homem. Para Kneller (KNELLER, 1996), seu trabalho fez com que certos conceitos fundamentais ao pensamento ocidental pudessem ser pensados com base em novos paradigmas, trazendo significação renovada às noções tradicionais de *razão, sujeito, indivíduo e existência.*

O cenário para essas transformações significativas se esboça com a explicação das idéias de fenomenologia, existencialismo e de sua relação com a educação, no Capítulo que se segue.

---

[3] H.-G. Gadamer conta que as preleções atraíam à sala do jovem professor Martin Heidegger estudiosos como Werner Jaeger e Max Weber fazendo que estes "que representavam certamente o que havia na época de maior nas cátedras da universidade alemã, parecessem colegiais" (GADAMER, 1976, p. 13).

CAPÍTULO I

Fenomenologia, existência e educação

A fenomenologia de Husserl, um projeto de rigor

Nomeia-se fenomenologia um método filosófico desenvolvido por Edmund Husserl. A partir da intuição primeira fomentada pela psicologia de Franz Brentano (1838-1917), mas sob influência das leituras de Descartes e Kant, Husserl investiu no projeto de desenvolvimento de um conceito autêntico de método, abrangente o bastante para conferir rigor de ciência à filosofia.[1]

Tal como primeiramente proposta em suas *Investigações lógicas (1900)*, a fenomenologia toma por seu objeto as coisas do mundo como fenômenos, isto é, em seu acontecimento. Assim, não pressupõe a existência independente dessas coisas, como fariam as ciências que compartilham do naturalismo seja ele idealista ou realista. Para Husserl, há de se aprender os fenômenos tal como percebidos pelos seus dados imediatos à consciência. Portanto, ao afirmarmos que a fenomenologia busca "conduzir o saber da verdade à certeza de si mesma" (HUSSERL, 1973), ou ao repetir o adágio *"Às coisas elas mesmas"*, é preciso entender que tal investigação propõe tratar dos fenômenos em nível antepredicativo, ou seja, antes que qualquer predicado seja sobreposto à imediatez que nos vem dos fenômenos. Desse modo, o autor sugere que se deixe em suspenso, ou, "entre parênteses", toda interpretação ou teoria aderida ao fenômeno a *posteriori*. A isso Husserl

---
[1] Quanto à fenomenologia tal qual modernamente entendida por Hegel, como ciência da experiência da consciência, não nos ocuparemos aqui.

chama de "epoché" e, só após essa suspensão, pode se empreender o principal exercício da fenomenologia, que é a *redução fenomenológica*.

Redução não é um abatimento ou resumo. *Reductio*, tal como compreendida aqui, diz *recondução*, é o exercício de devolver à percepção sua capacidade de tomar o fenômeno tal qual ele se mostra, de executar-se dirigindo a atenção para o percebido e para o processo de tal perceber; é o esforço por *reeducação do ato consciente* da apreensão desse parque, dos seus jardins, do banco em que nos sentamos, do peso do livro preto no colo, do cisne sobre a água, dos passantes, dos afetos que se sente e todos os demais itens do mundo da vida, tais como são, sem intermediações. Assim, antes de apreendê-los como *conceitos*, a fenomenologia buscaria esclarecê-los por meio de seus fenômenos apreendidos pela consciência.

Ao falarmos das coisas como elas mesmas, a fenomenologia husserliana não incorre num realismo típico das ciências positivas. Para essas, o mundo está lá, de fato, como coisa dada e inteiramente apartada de quem a conhece. Daí, ao sujeito do conhecimento (por exemplo, ao cientista) caberia travar relações com esse objeto no intuito de obter, com auxílio de métodos e técnicas diversas, dados e informações válidas. Nesse modelo (bem como na filosofia transcendental de Kant), resta a compreensão dicotômica de sujeito e objeto, dualidade entre o homem e o mundo, resumindo os resultados das ciências ao produto de representações que o sujeito faria dos objetos. Husserl argumentará que os conhecimentos assim tomados seriam abstrações, não traduzindo as percepções primordiais que a consciência faz de seus objetos.

Ao suspender as idiossincrasias, os conceitos dados pela ciência, as pressuposições do senso comum e os preconceitos arraigados à cultura, a fenomenologia passa a não mais estudar as faculdades transcendentais de um sujeito que trava suas relações representativas com seus objetos em um mundo exterior, e sim a estudar uma consciência para a qual, desde sempre, os fenômenos ocorrem.

Ora, qual seria a diferença entre o sujeito que trava relações com o objeto e a consciência que vai ao fenômeno? Não haveria aí apenas a mudança de nomenclatura? Afinal, não continuamos tendo em vista um sujeito? Permanecemos tratando de uma subjetividade, mas não de um sujeito provido de faculdades tal como víamos em Kant e em boa parte do Idealismo alemão. A subjetividade aqui seria *consciência*, o que diz respeito a uma *ciência de algo*, a uma "co-ciência". Mas do que sabe a consciência, segundo Husserl? Resposta: Das coisas do mundo, naturalmente. Coisas para as quais ela sempre intenciona e que apreende não como a representação conceitual de um objeto, mas na imediatez de seu fenômeno. Assim, para a fenomenologia, a consciência não é um sujeito que posiciona uma relação com um mundo diverso dele, ela transcende intencionalmente aos fenômenos; sendo *desde sempre, consciência de fenômenos.*

Não resta dúvida de que a fenomenologia tem em vista uma dimensão transcendental. Tal subjetividade, que conquanto consciência transcende ao mundo, sempre intui singularmente os objetos do mundo, confrontando seu modo de ser, contemplando o que neles há de mais essencial. Assim, a percepção dos fenômenos pela consciência é a contemplação das suas próprias essências (*Wesenschau*) (PRECHTL, 2000).

Observemos que, para a fenomenologia, a essência não é algo para além do objeto, não se trata de uma idéia que habita uma dimensão ulterior. A transcendência aqui não é o transportar-se para uma instância supra-sensível, metafísica, mas o ato da consciência em perceber o que há de mais objetivo e imediato no fenômeno. Com efeito, já não seria exagero dizer que a consciência transcendental não possui existência em si, mas é sempre consciência intencional do fenômeno e que a essência deste não é a unidade do ser como na metafísica antiga, mas conteúdo real do que é apreendido pela consciência.

Em torno do projeto da fenomenologia, Husserl arregimentou diversos pesquisadores que colaboraram, direta ou indiretamente, com essas pesquisas. Edith Stein, Eugen Fink, Ludwig Landgrebe e Dietrich v. Hildebrand são apenas alguns nomes entre os quais estava também o do jovem Heidegger, chegado àquele círculo acadêmico na década de 1910, após ter se empenhado, durante muito tempo por participar das pesquisas daquela comunidade. Naquela mesma ocasião, a fenomenologia passou a ocupar posição de destaque no cenário filosófico da época, concorrendo com o Vitalismo, o Neo-Positivismo, o Idealismo crítico, o Realismo crítico, além de influenciar, posteriormente, escolas como a Antropologia filosófica de Max Scheler e o Existencialismo de Jean-Paul Sartre.

Nutrindo grande admiração pelo método fenomenológico, logo Heidegger se torna um dos professores assistentes do Mestre de Freiburg. Floresce, no ano de 1917, entre os dois, mais que afinidades intelectuais, uma relação afetuosa, principalmente após a morte do filho mais moço de Husserl durante a Primeira Guerra Mundial. Essa amizade, contudo, não impediu que às idéias da fenomenologia se revestissem de outra significação no contexto do pensamento de Heidegger, divergência constatada pelos autores no trabalho em cooperação para formular o verbete "fenomenologia" para a *Enciclopédia Britannica*.

A síntese heideggeriana da fenomenologia

A interpretação que Heidegger faz da fenomenologia é usualmente referida em *Ser e tempo* (obra publicada em 1927 e dedicada a Husserl). Nesse trabalho, a fenomenologia é apresentada muito claramente pelo autor, que a explica partindo dos seus termos gregos *phainomenon* e *logía*. Ali, o que supostamente seria uma *ciência dos fenômenos* é pensada como um método de investigação e, porque um método se aplica sempre à resolução de problemas, somente após disso teríamos uma disciplina, também a fenomenologia só poderia se pretender esse *status* diante de uma problemática. Assim, Heidegger, ao apresentar a fenomenologia, já o faz tendo em vista seus propósitos com aquele livro.

O objetivo de *Ser e tempo* é reabilitar a questão que Heidegger entende como a mais fundamental entre todas, a questão do *ser*. Essa seria a primeira entre todas as questões filosóficas, estando pressuposta nas demais. Teria sido ela que fomentara as investigações de pensadores como Platão e Aristóteles. Heidegger, ao assumir essa tarefa, não o faz aos moldes da tradição filosófica, que pergunta pelo *ser* como uma categoria entre outras, mas indaga pelo *sentido* do ser (HEIDEGGER, 1996). Ao fazer isso, o autor passa a ter acesso radical ao referido problema, conduzindo seu pensamento como se ele fosse uma "ontologia da ontologia"; isso, por sua análise, perscrutar algo que é o mais fundamental nas ontologias tradicionais. Traduz-se, nesses termos, a *ontologia fundamental* de Heidegger.

O projeto de uma ontologia heideggeriana parece se esboçar em textos anteriores, todavia, apenas em pleno contato com a fenomenologia, a tarefa pôde ser formulada como vemos. O método fenomenológico viabilizaria a investigação do sentido do ser a partir da análise daquele, que, entre todos os seres, seria capaz de compreendê-lo (HEIDEGGER, 1996), o único ente capaz de refletir sobre o sentido dessa palavra, a saber: *o homem.*

A fenomenologia seria, então, utilizada na análise desse que apreende o sentido do ser; ela é o método de uma analítica de sua existência. Por conseguinte, tal *analítica existencial* seria tarefa preliminar à ontologia fundamental.

Bem como ao perguntar pelo sentido do ser, a análise da existência do homem é uma análise fundamental. Ela toma o modo de ser humano por objeto, mas não por um interesse antropológico, não se trata de uma antropologia filosófica (como avaliou Husserl após sua leitura perplexa de *Ser e tempo*). Negativa que se explica por Heidegger não ter interesse em uma apreensão integral do humano como um ente cujas características marcantes pudessem ser enfocadas por uma visada fisiológica ou pragmática, como teria proposto Kant (KANT, 1977). Com essa investigação fenomenológica quer-se o homem em seu ser, entendendo que esse ser é determinado, é um *ser-aí*.[2]

O termo ser-aí é tradução da palavra alemã "Dasein". Sobre essa, lembremos a queixa de alguns literatos, quanto ao fato de algumas das palavras alemãs terem grande amplitude semântica (INWOOD, 2002). Heidegger usa o termo de modo específico e diverso da aplicação que autores como Jacobi, Kant e Hegel usaram no passado para indicar a existência das coisas simplesmente dadas. Heidegger diria que o ser do homem é *ser-aí*, entendendo esse modo de ser como expressão de sua essência.

Mas ora, o que diz *ser-aí*? *Ser-aí* onde? *Ser-aí* o que, ou quem? Em que medida para se ser um *ser-aí* já não seria necessário, antes, ser um sujeito como o entendido pela tradição, ou mesmo a consciência, como na proposta renovada da fenomenologia husserliana? Como na fenomenologia de Husserl, o *ser-aí* não é sujeito, mas também não é aquela consciência intencional.

Heidegger entenderá que *ser-aí* é uma possibilidade aberta, apenas constituindo seu fenômeno ao existir. É no existir que se é-aí (ou seja, apenas se lançando a esse mundo aí, diante de nós). Assim, o *ser-aí* é compreendido como a possibilidade de ser para as circunstâncias de um mundo e no constante exercício de existir nesse. Infere-se, portanto, que ser no mundo é mais um *cultivo* do que uma dada *condição* humana.

Também o mundo, nesse sentido, não se resume a uma realidade física no qual esse *ser-aí* no mundo travaria suas relações, mas remonta ao movimento do existir. O *ser-aí* existe ao passo que se lança compreensivamente ao seu mundo, afetando-se por humores, junto às coisas que a ele

---

[2] Este significa, em sua acepção primeira, existência fática, repercutindo na tradição da filosofia clássica alemã com este sentido. A versão deste termo se torna um problema para todos os idiomas, pois nenhum é capaz de traduzir o sentido em jogo na compreensão heideggeriana. Opta-se normalmente, pela tradução literal, assim, teríamos *être-là*, no francês; *esser-ci*, no italiano e *there-being* ou, mesmo, *being-there* no inglês. Por ser-aí, diferente da acepção tradicional, Heidegger entende o modo do existir humano.

se apresentam à mão, ocupando-se dessas como utensílios em virtude de afazeres que só fazem sentido nessa íntima conformidade revelada pelas referências do mundo e de seus propósitos e dos outros com quem convivemos.

Com isso, vemos que o *ser-aí* difere da *consciência* ao permitir que compreendamos a experiência humana sem submetê-la a uma idéia de subjetividade. Diferentemente de Husserl, que (por mais que tenha oferecido como o modelo consciência-fenômeno ou *noese-noema* uma alternativa para superação da dualidade entre o sujeito e o objeto) ainda se move em uma compreensão subjetiva, Heidegger tem que o *ser-aí* antecede mesmo a compreensão de subjetividade, sendo essa última derivação da outra.

Logo, a análise fundamental da existência, conquanto investigação fenomenológica, parece manter-se fiel aos procedimentos da fenomenologia, entre os quais a suspensão dos preconceitos contidos em nossos conhecimentos dos fenômenos. Afinal, Heidegger põe sob *epoché*, inclusive, a pressuposição de uma subjetividade determinante da percepção dos fenômenos, para buscar no sentido do ser o que faria das coisas elas mesmas, sem ter que recorrer a uma egologia,[3] para tanto.

A influência da fenomenologia sobre o existencialismo na educação

O método fenomenológico teve ressonância em algumas das principais escolas filosóficas do século XX, entre elas o Existencialismo. Esse constituiria uma nova maneira de filosofar a existência, fazendo com que os problemas relativos a ela recebessem especial ênfase.

É comum apontar o existencialismo como o pensamento que, rompendo com certo formalismo acadêmico, abandonaria as questões de uma filosofia feita para a cátedra, e só para se voltar a filosofar a vida, a existência humana.

---

[3] Entendamos por "egologia" um estudo do eu em sua dimensão transcendental.

Daí, temas como a vulnerabilidade do homem, suas vivências e finitude, o patético nos seus humores, a presença do outro e as limitações de sua liberdade, serem questões dignas de abordagem. Isso ainda serviria de pretexto para se atribuir ao Existencialismo a qualificação de panfletário (como se fosse uma filosofia de protesto) e, em conseqüência disso, assistemático e pouco rigoroso (Ozmon; Craver, 2004). Essa compreensão é imprecisa, pois, pensando bem, quem dela compartilhasse, pressuporia que a filosofia se distancia da vida, que a obra de autores da tradição partiria da desconsideração do que seria a existência humana. Ora, basta relermos os escritos de Agostinho e de Descartes para falsearmos essa interpretação, constatando o quanto esses autores tradicionais partem de experiências da existência para filosofar.

Não resta dúvida de que o existencialismo é um novo modo de filosofar. É maneira renovada de tratar antigas questões, não mais intentando a determinação da verdade das coisas para além das contingências, tentativa de se assegurar da verdade pura e universal, sem particularidades, mas aquela que busca elucidá-la, considerando as circunstâncias existenciais, ao conduzir o homem a si mesmo, colocando-o face a face com a extraordinária singularidade de seu existir (Beaufret, 1976). Em um ensejo preliminar, mas satisfatório, aceitaríamos a definição que Jean Beaufret dá ao existencialismo. Assim, genericamente,

> [...] chamaríamos de existencialismo toda filosofia que trata diretamente da existência humana, visando elucidar, ao vivo, o enigma que o homem é para si próprio. (Beaufret, 1976, p. 12)

A afirmação acima nos permite uma associação à educação, posto que também numa filosofia da educação o que está em jogo é a existência individual. Logo, alguns autores, ao tratar a educação com acento existencialista, em alternativa às tendências educacionais recorrentes ao empirismo e ao positivismo, concentram sua atenção no discente, fazendo com que a educação seja um processo indireto, mediado pelo docente. A educação propugnada pelos existencialistas enfatizaria a singularidade do indivíduo motivando-o a partir dos aspectos imediatos da existência para o conhecimento de um sentido próprio a si, reabilitando o axioma socrático *conhece-te a ti mesmo*.

Tal conhecimento permitiria uma formação na qual o indivíduo possuísse uma elucidação de sua condição de existente, de seus riscos, seus dilemas e, enfim, pudesse valer-se desse para conhecer seu mundo mais e melhor. Paulo Freire, Rollo May e Carl Rogers foram os autores que melhor trataram a educação na qual se identificava elementos do existencialismo.

No que compete a Heidegger, suas idéias provocaram transformações capazes de ser observadas naquela que Demerval Saviani chamou de *Concepção humanista moderna de filosofia da educação*. Nessa, fortemente influenciada pelo método fenomenológico e pela visada existencialista, em oposição às tradicionais, o indivíduo é sempre ator, sendo na medida em que existe, experimentando a si próprio na existência. Isso fica enfatizado quando Saviani comenta a apropriação que alguns educadores fizeram dessas idéias, comentando também o conceito que podemos fazer de indivíduo desde essa perspectiva:

> Atualmente alguns educadores buscam rever suas posições pedagógicas à luz da fenomenologia e do existencialismo (Husserl, Merleau-Ponty, Heidegger). [...] registrei de modo explícito essa diferença matriz ao afirmar que a referida concepção admite a existência de formas descontínuas da educação [...] na medida em que, em vez de considerar a educação como um processo continuado, obedecendo a esquemas predefinidos, seguindo uma ordem lógica, considera-se que a educação segue o ritmo vital que é variado, determinado pelas diferenças existenciais ao nível dos indivíduos; admite idas e vindas com predominância do psicológico sobre o lógico; num segundo sentido (mais restrito e especificamente existencialista), na medida em que os momentos verdadeiramente educativos são considerados raros, passageiros, instantâneos [...] Acontecem

independentemente da vontade ou de preparação. Tudo ao que se pode fazer é estar predisposto e atento a esta possibilidade. (SAVIANI, 1995, p. 72)

Embora associado ao existencialismo, ao lado de autores como Karl Jaspers e Jean-Paul Sartre, Heidegger rejeitava a alcunha de existencialista. O que se explica pela ambigüidade dessa qualificação, em primeiro lugar, por ser indeterminada, agrupando, em sua alçada, autores como Kierkegaard, Buber, Camus e Marcel, cuja singularidade de suas obras se reduziria ao rótulo de existencialismo. Em segundo lugar, por essa designação generalizar também as muitas nuances envolvidas do seu próprio pensamento, ao longo de suas diversas fases. Entretanto, reconhece-se a filiação de Heidegger à fenomenologia, vertente filosófica com a qual esteve estreitamente envolvido por algum tempo, aderente a ponto de ser possível a afirmação de que a visada fenomenológica perpassa toda sua obra, inclusive as contribuições de Heidegger à educação, possíveis de ser observadas em sua analítica existencial, como veremos.

CAPÍTULO II

IDÉIAS PARA UMA EDUCAÇÃO HEIDEGGERIANA?

O cuidado: elemento de uma educação para a singularidade

Em sua análise existencial, Heidegger pensa o *ser-aí* como uma existência em aberto, a ser *per-feita* por um cultivo continuado, permitindo afirmar que a essência do homem estaria no existir e que essa, por sua vez, seria um cuidar por ser e continuar sendo autenticamente. Nosso autor será categórico ao dizer que o cuidado é o que permite uma delimitação ontológica da existência do *ser-aí* (HEIDEGGER, 1996). Assim, em poucas palavras, a pergunta pela existência é, no fundo, a pergunta pela essência desse fenômeno, essência que para Heidegger tem origem na noção filosófica de *cuidado* (*Sorge*). Por isso, presenciamos o conceito ganhar relevo em diversas áreas do conhecimento, inclusive naquelas que buscam pensar o homem em sua relação com o mundo e com os outros. Ao nos referirmos a isso, temos a aplicação larga do termo "pedagogia do cuidado" nomeando a formação do homem para essas circunstâncias.

É comum encontrar o nome *pedagogia do cuidado* ligado a diversas áreas do conhecimento, inclusive em desdobramentos inesperados nas ciências da saúde e do meio ambiente.

No *primeiro caso*, já o encontramos no século XIX, filiada à tendência Neo-Humanista Social, visando a educar indivíduos com necessidades especiais, ainda com propósitos terapêuticos (LARROYO, 1957).[1] Atualmente, relaciona-se a atualizações das teorias dos cuidados humanos e à formação humanizada do profissional de saúde em que os escritos de Paterson e Zderad são referenciais.

No *segundo*, vigora a premissa de preservação e educação ambiental, abrangendo as relações com o ambiente e as pessoas, para a qual a formulação: "Aja de maneira tal que os efeitos de sua ação sejam compatíveis com a permanência de uma vida sobre a terra" (JONAS, 2000, p. 49), já constitui imperativo. Em vista dessa, Leonardo Boff fala dessa pedagogia como o aprender a zelar pelos viventes e por tudo que nos cerca. O cuidado, como entendido por esse, seria pré-condição para a vida do planeta e sua educação, etapa necessária a ressignificação da vida humana de modo a garantir seu sustento e a diversidade dos seres vivos. *Mas, apenas indiretamente, essas se relacionam com o que Heidegger tem em vista quando fala do cuidado.*

Leonardo Boff, ao retomar uma fábula latina citada por Heidegger em *Ser e tempo* (1927), evidencia que, existencialmente, cuidado é o modo de ser do *ser-aí*. Na alegoria, diz-se que "o homem deve pertencer ao cuidado enquanto viver", o que faz dessa estrutura algo constitutivo à existência, se enfocado filosoficamente. Heidegger dedica parte significativa daquele tratado a tal conceito, aplicação que fez

---

[1] Dorotéia Paterson e Loretta Zderad: especialistas em enfermagem clínica, atuaram em instituições renomadas nos EUA, tendo publicado o tratado *Enfermagem humanística* (1976), no qual propunham a chamada Teoria prática da enfermagem humanística. Desenvolvida a partir de experiências relatadas pelas enfermeiras e as pessoas que recebem tratamento, este conjunto de idéias busca uma visão abrangente dos cuidados humanos, procurando compreendê-lo por uma perspectiva fenomenológica. Tal enfoque recebe a influência da filosofia de Nietzsche, Buber, Husserl e Heidegger, que permitiriam pensar esta lida em face da existência e da presença iminente do outro, atendo-se às condições existenciais como a autoconsciência, a alteridade, a responsabilidade, a finitude e a busca de uma significação para a vida. Ao lado dessas, podemos citar também as contribuições de Madeleine Leininger, que, nos anos de 1950, tratou o fenômeno em sua Teoria transcultural do cuidado como experiência universal do humano e elemento essencial à enfermagem.

com que fosse reconhecido como "[...] por excelência o filósofo do cuidado" (BOFF, 1999, p. 89).

Sendo de importância na obra do filósofo e noção cara em *Ser e tempo*, o cuidado é visto, por certo recorte conceitual, na filosofia de autores anteriores; entre eles, os antigos e os medievais, dos quais o alemão se apropriou.[2] Com Heidegger, tal conceito expressa um traço essencial à existência, na medida em que o *ser-aí* se empenha a cada instante em cuidar de si mesmo, em um processo de apropriação de si próprio apontando o modo de ser do indivíduo, mediante o esforço constante de compreensão de seu ser e do ser das coisas em geral.

É dessa última compreensão do cuidado que partiremos para pensar o conceito referente à educação. É preciso dizer, contudo, que não é a primeira vez que se fala do cuidado, como aqui, e que isso não foi feito por Heidegger, cujas contribuições à educação, embora indiretamente, são edificantes. Comprova-se isso ao constatarmos que o interesse da educação pela filosofia de Heidegger faz com que extratos de seus textos povoem até mesmo os manuais mais elementares de filosofia da educação (PILETTI *et al.*, 2002). Referências a seu pensamento são encontradas em trabalhos como o de Ozmon & Craver, acenando para a importância do pensamento do autor no âmbito da fenomenologia (OZMON; CRAVER, 2004); em textos já clássicos como a *Fenomenologia*

---

[2] O cuidado é intuído a partir do conceito aristotélico de "phrónesis", tal como encontrado no livro VI da *Ética a Nicômacos*, referindo-se a certo modo de prudência, epicentro do qual o indivíduo pode gerir suas ações. Em versão latina, o termo "cura" corresponde à experiência da fábula; é possível encontrar no período medieval desdobramentos dessa em pensadores como Agostinho, tratando o cuidado como "cura". Heidegger, em sua preleção *Estudos sobre mística medieval* (1910-11), explora o conceito no autor como traço fundamental da existência em face da decadência e de outros conceitos cristãos como o de tentação. Ainda em Agostinho, o cuidado é pensado na *vulgata* de "sollicitudo" (MAC DOWELL, 1993). Presumimos que também em Mestre Eckhart, na Baixa Idade Média, o conceito se encontra presente, desta vez tratado como zelo, no sentido de uma atenção para que o indivíduo não se desvie daquelas que seriam tarefas de fato necessárias de sua existência.

da Educação de Cirigliano (Cirigliano, 1974); em Giles, ao tocar no conceito de cuidado, tratando do processo educativo como uma saída da existência imediata do indivíduo em seu mundo e o respectivo encaminhamento a um sentido autêntico à própria existência (Giles, 1987) e também em Martins, quando fala do cuidado, ao discutir a questão educacional dos currículos por um enfoque fenomenológico, compreendendo-o como a preocupação ou o zelo que, na dialética discente/docente, abre o indivíduo a um horizonte de possibilidades próprias a sua existência (Martins, 1992).

Por mais que se observe aqui que nem todos os discursos sobre o cuidado e sua pedagogia sejam metodologicamente insipientes, tendo uma consciência da dimensão ontológica do tema, vê-se que o esforço por pensar uma pedagogia do cuidado toma a contramão do pensamento de Heidegger, pois a preocupação por uma ética, uma política ou, mesmo, uma educação, é pragmática, uma derivação da questão do ser; essa, sim, intentada pelo filósofo; logo, está no domínio dos entes, é ôntica (referindo-se ao estado das coisas que são) e não no âmbito fundamental de uma compreensão do ser, de uma ontologia fundamental.

Logo, será também da obra filosófica de Heidegger que partiremos para nossa caracterização do cuidado e daquilo que derivaria em questionamentos da educação. Exercício que apresentará brevemente os elementos de sua análise da existência, apoiando naquela que é reconhecida como sua obra capital.

Educar em favor da singularidade e contra o impessoal

Em *Ser e tempo*, quando Heidegger fala do cuidado, o autor já o faz em vista do ser-no-mundo. Esse termo possui especificidade, referindo-se às maneiras do *ser-aí* já sempre estar no mundo. Modos que apareceriam como derivações do cuidado, que o autor diferencia assim:

> Se o ser-com (os outros) permanece existencialmente constitutivo ao ser-no-mundo, ele deve poder ser interpretado

em face do fenômeno cuidado, que usamos para designar o ser do ser-aí em geral, [...] o ocupar-se das coisas não é próprio do ser-com, apesar deste modo de ser seja um *ser para* os entes encontrados no mundo. O ente, com o qual o ser-aí se relaciona como ser-com não tem o modo de ser do utensílio à mão, mas é também um ser-aí. Desse ente não se ocupa, com ele se preocupa. Também 'ocupar-se' da alimentação e vestuário, tratar do corpo enfermo é preocupação. [...] A 'preocupação', no sentido de assistência social, por exemplo, funda-se na constituição do ser-aí como ser-com. (HEIDEGGER, 1996, p. 114)

Vê-se que o cuidado designa um modo de ser no mundo, maneira de ser si mesmo em cada novo instante; evidenciando que no *ser-aí* nada está como é, mas que tudo nele seria um esforço por ser. Isso nos deixa claro que esse cuidar (*Sorge*) não é a ocupação (*Besorge*), no sentido de um uso das coisas no cotidiano e das tarefas mais diversas possíveis junto a essas; tampouco a preocupação (*Fürsorge*), que indica o comportamento com o próximo ou ainda para o outro. Para Heidegger, gestos que expressem zelo, assistência, tutela ou responsabilidade por alguém (inclusive os que envolvem o tratamento de um enfermo ou a prática educativa) seriam preocupação em vista de uma relação de ser com o outro. Entretanto, nem sempre esses modos são claros ao ser-no-mundo, que, imerso nas suas ocupações cotidianas, ignora o modo de ser de sua existência e a dos outros, compreendendo tudo como coisas simplesmente dadas, compreensão essa que

> [...] provêm do fato de, no início e na maioria das vezes, o ser-aí se manter em modos deficientes de preocupação. O ser por um outro, contra um outro, sem os outros, o passar ao lado um do outro, o não sentir-se tocado pelos outros são modos possíveis de preocupação. E precisamente estes modos, que mencionamos por último, de deficiência e indiferença caracterizam a convivência cotidiana de um com o outro [...] (HEIDEGGER, 1996, p. 116)

O convívio cotidiano é marcado pela pressuposição de uma existência durável e de relações que remontam o âmbito de significações preestabelecidas, herdadas, irrefletidas e normalmente latas, mas que permitem o bom trânsito do indivíduo nas relações de seu mundo. Cotidianamente, o *ser-aí* ganha modos que permitem que ele proceda em conformidade com o que se convencionou adequado ao seu mundo; assim, pensa comumente ao grupo que convive, age em conveniência ao que dele se espera, compartilha costumes, fazendo que sua existência se reduza à ocupação de ajustar-se a certos padrões de normalidade.

Esses padrões são estipulados coletivamente sem que nessa coletividade se identifique uma pessoa ou grupo determinado autor dessas normas. Daí, Heidegger (1996) chamar de *impessoal* (*Man*) esse modo de ser com os outros que apresenta o consenso tácito quanto ao comportar-se. Nesse impessoal, o *ser-aí* age conforme atitudes prescritas para a gente. Assim, o indivíduo se vê abonado da tarefa de decidir por seus atos, pois, em cada comportamento, estaria encoberto por esse modo existencial segundo o qual, normalmente *a gente* procede; gregariamente *a gente* pensa, comumente *a gente se* educa...

Mais que senso comum, esse impessoal é um modo de ser da existência que impregna a constituição do ser-no-mundo cotidiano e uma estrutura de sua existência. Assim, negócios, comportamentos e as visões de mundo que lhe são próprias recebem diretiva *da gente*.[3]

Também a educação (tal como apreendida na sua divisão em informal e formal) se influenciaria por diretrizes impessoais presentes na mediania cotidiana. Isso acontece quando, em ambos os segmentos, vemos costumes se

---

[3] Exemplos deste comportamento são identificados na literatura de autores que se ocuparam de tratar do impessoal em alguns de seus principais traços. No romance *Being There* (traduzido para o português com o título de *O videota* – o homem que aconteceu), Jerzy Kosinski retrata um indivíduo jogado em circunstâncias nas quais mesmo em modos deficientes de ocupação, alternantes entre a apatia e repetição de clichês aprendidos na televisão, seriam capazes de propiciar relações hábeis e competentes em seu mundo. Menos caricato, Thomas Mann, em seu *A montanha mágica*, esboça tais preocupações ao narrar démarches de salão nas quais até mesmo o bom-tom estaria sobre tutela do impessoal.

reproduzirem, por vezes, de maneira herdada e irrefletida, determinando, à revelia, o tipo de educação que o indivíduo teria. Assim:

> O importante é saber que não somos totalmente livres para termos a educação que queremos, pois nosso querer desde que nascemos vem sendo *educado* por idéias e comportamentos que ultrapassam nossa consciência das coisas. Sob a educação formal que nos é transmitida existe uma educação invisível cuja força nem sempre é levada em conta em nossos estudos. A escola como aparelho doutrinário certamente exerce influência, mas também recebe influência da educação *informal* que se transmite através dos grupos sociais, meios de comunicação, organizações sindicais etc. (PAVIANI, 1988, p. 11)

Ressaltemos que, antes mesmo de a falta de autonomia remontar o político-ideológico, o sociocultural ou o pedagógico-curricular, encontramos o impessoal dando parâmetros de comportamentos nas interações mais primárias. Esse estaria presente na educação informal, que, como sabemos, consistiria de experiências latas, dadas espontaneamente e nem sempre refletidas, que tenham efeito formativo sobre o indivíduo; e pela educação formal, mediada por instituições escolares de caráter estrito, com conteúdos programados e pretensamente crítica, mas sabidamente influenciada pela outra (KNELLER, 1996).

O impessoal na educação é o que torna capaz a reprodução de uma existência imprópria (entendendo impropriedade como o estado no qual esse não se apropria de uma compreensão singular de suas possibilidades de *ser-aí*, elucidado de sua existência sempre em exercício). Tal educação seria a "oficina" na qual são forjados os comportamentos guiados por um conjunto de diretrizes estabelecidas por um invisível consenso. Esse, com a autoridade de coisa que se consagra pela repetição, acomoda-se constituindo hábitos, costumes e induzindo sua aceitação como padrão de bom senso, para, em seguida, criar *identidades e distinções; agrupamentos e segregações; valorações* e *hierarquias* capazes de ser observadas no modo com que se estruturam as sociedades e se conjugam as relações. Nessas, o papel da educação formal, em termos radicais, constituiria um dilema, situado entre o individual e o público (PAVIANI, 1988).

Tomar o indivíduo como ponto de partida da nossa análise não nos torna partidários de um individualismo, como perspectiva teórica da qual compartilhariam algumas escolas antropológicas ou sociológicas, mas revela que o espaço aberto à presente problematização é o da análise existencial, para qual o cuidado estaria em evidência como traço essencial desse, também em sua educação.

Uma filosofia que pense a educação diante da consideração do cuidado, bem como outros discursos educacionais, trafega no âmbito do dever-ser, projetando reflexivamente suas experiências e práticas. Nessa, os diversos modos de ocupação presentes à existência se conjugariam, na medida em que na relação educativa docente/discente,

> [...] há a possibilidade de uma preocupação que nem tanto substitui o outro, mas que se lhe *antepõe* em suas possibilidades existenciais, não para retirar-lhe o 'cuidado', mas antes para devolvê-lo como tal. Essa preocupação, que pertence ao autêntico cuidado, [...] proporciona ao outro, por meio de seu cuidado, *a liberdade para* tornar-se transparente a si mesmo. (HEIDEGGER, 1996, p. 115)

Aqui se descreve a possibilidade de uma relação na qual a preocupação pelo outro não aniquila sua individualidade, na qual não se age com o outro, preservando-lhe de experimentar os encargos de sua própria existência (de "retirar-lhe o cuidado"), mas, ao contrário, proporciona oportunidades de conduzi-lo às possibilidades de sua realização mais própria. Na relação discente/docente, isso se aplica pensando o segundo não como aquele que, antecipando-se ao aluno (o presumido *desprovido de luz*, como indica a composição latina do termo "alumnu"), predeterminaria a educação que lhe julgasse adequada, mas como aquele que estaria preocupado com o necessário para que o discente se descobrisse livre a um sentido próprio a si. O docente, então, passa a não ser mais o repetidor de lições ou o instrutor de matérias, mas quem oportuniza ao discente um encontro consigo mesmo, que promove a possibilidade desse se educar (ou, como também no latim, "educare"), isto é, expor-a-si mesmo e descobrir para si uma possibilidade capaz de liberá-lo para a significação necessária a uma existência singular. Singularidade na qual o indivíduo é sempre e em cada vez proprietário dos sentidos que lhe são próprios e referentes ao seu destino. Portanto, a uma filosofia da educação, que pensa o cuidado/preocupação, "traz mau apreço ao mestre quando se permanece sempre e somente aluno" (NIETZSCHE, 1994, p. 92). Permanecer aluno, nesse sentido, é não se reconhecer como um ser em exercício ou, ao saber-se esse existente, optar comodamente por interpretar-se como coisa. Assim, ao invés de escolher a si próprio, não buscando apropriar-se de um sentido que conduz tal existência, deixa de decidir radicalmente por si próprio, para, quem sabe, decidir como *a gente* faz.

Nessa,

> [...] o ser-aí decidido liberta a si-mesmo para seu mundo. A decisão por si-mesmo primeiro traz o ser-aí para a possibilidade de, sendo com os outros, se deixar 'ser' em seu poder-ser mais próprio e, justamente com este, abrir a preocupação que liberta numa ocupação. (HEIDEGGER, 1996, p. 274)

Decidir por si não é assumir o convencionado. Não significa seguir à risca um conjunto de normas morais que confeririam perfectibilidade a nossas ações. Mas é o disparar de uma compreensão da existência que orienta a construção de sentidos próprios a cada indivíduo.

Uma educação, como possível de ser pensada pela filosofia heideggeriana, não nos dá senão a oportunidade de experimentarmos a possibilidade de sermos livres da imediatez cotidiana, colocando-nos diante da urgência de escolher um sentido próprio a si, do decidir pelas ocupações necessárias ao esforço por ser singular no mundo. Essa resolução (única e cunhada em conformidade com os significados mais relevantes ao ser-no-mundo) nos decalcaria do impessoal, fazendo-nos despontar como indivíduos singulares.

Ora, mas nessa educação que parte de uma escolha individual (do discente) por si próprio, qual seria o papel do docente? Como praticar uma educação como essa? Resposta: O docente, aqui, é aquele que tem a tarefa, quase socrática, de provocar o discente a conhecer a si-mesmo, de oportunizar um encontro com essa possibilidade. O resultado disso pode ser uma existência na qual o indivíduo, na cotidianidade, não mais se deixe arrastar pela torrente de diretivas da gente; pode conduzir sua própria existência e ainda atender aos anseios de uma educação contemporânea, preocupada em formar cidadãos *reflexivos*, *autônomos* e *participativos*, contribuindo à esfera do indivíduo, da sociedade e da espécie. Importa dizer – livre de pedagogices – de que o docente nessa relação não é um tutor, que diz doutrinas e instrui em saberes, mas um companheiro no processo.

| CAPÍTULO III

IDÉIAS PEDAGÓGICAS DE HEIDEGGER?

> Quanto mais o professor ensina,
> menos o aluno aprende.
>
> (Comenius, *Didática magna*)

A apresentação da idéia de uma educação em bases existenciais constituída pelo cuidado talvez pudesse ser associada ao ensino de conteúdos atitudinais. Afinal, o docente em uma relação com seu discente pode, quando muito, dar mostra de seu cuidar por ser autêntico em face do impessoal (quando assim o faz), deixando que o discente veja um modo de ser singular ante os riscos de queda e imersão no cotidiano. Isso revigora a questão pela possibilidade do aprender e do ensinar, componentes da educação. O desdobramento dessas afirmativas é o que teremos no tópico que se segue.

"Matemática": conceito fundamental ao processo ensino/aprendizagem

Pensar a educação esbarra naquela que parece ser, sob um primeiro olhar, sua principal tarefa. Em certas horas, o ensinar (se, livre das muitas distinções meticulosas) é tomado como a própria educação, o próprio fazer docente. A pergunta pela educação e pela possibilidade de ensinar algo a alguém é questão persistente à pena de Platão, de Comenius, de Kant e de todo docente que, um dia, se descobriu sinceramente comprometido com seu ofício.

Ao docente essa pergunta é vocativo e boa ocasião para pensar aquilo que fazemos quando estamos em sala de aula diante de nossos alunos. É nessa hora que devemos deixar se afirmar a pergunta: *É possível ensinar algo a alguém?* Entretanto, essa pergunta não espera uma resposta cabal para si, mas um exercício de reflexão que, dando um "passo para trás", questiona sua possibilidade e o fazer de quem se ocupa em ensinar.

Observa-se que a proposição da pergunta *"é possível ensinar algo a alguém?"* parece não durar muito, pois, ao experimentar serenamente, logo desconsideramos sua gravidade na busca de uma intelecção lógica seguida de resposta. Daí, passamos a ter novas perguntas derivadas da primeira por decomposição: o que é ensinar? (sua variante, o que é aprender?) Ensinar o quê? Ensinar a quem? E assim, antes mesmo de experimentarmos radicalmente esses novos questionamentos, novamente nos arvoramos a dar respostas.

É possível, então, que a pergunta pela possibilidade do ensinar seja respondida simploriamente. Afinal, deduz-se que ensinar o que quer que seja é possível, pois, denotativamente, não seria mais que ministrar, de maneira unilateral, conteúdos, que o docente previamente possui, ao aluno que ainda não os têm e de que supostamente necessita. Compreensão que, travestida em uma linguagem atual e muito celebrada nesse início de século XXI, se formula como um *aparelhar os indivíduos com os instrumentos necessários para a assimilação das muitas informações produzidas por essa nova Era, possibilitando-lhes a orientação para a plena realização de seus projetos e desenvolvimento individual* (DELORS, 2000). Isso faz com que a atividade docente se reduza à instrução, ou seja, uma transferência de informações e procedimentos.

Esse modo de entender o problema é o mesmo que reputa supérflua a pergunta pela possibilidade do ensinar/aprender. Questão que, uma vez colocada, transgrediria as normas do bom senso acadêmico e da metodologia pragmática, tão prezada pelas atuais correntes da educação. Afinal, parece sobreevidente que o ensinar é possível. Contudo, essa pressuposição (a qual não deixamos de ter, caso contrário não seríamos professores) adquiriu com o tempo uma rigidez que, em certas circunstâncias, impossibilita o docente de rever o fazer que lhe seja próprio, questionando seu modo de ser.

Heidegger nos permite pensar a pergunta pela possibilidade da educação, quando em seu livro *O que é uma coisa? (1935-36)* faz alguns comentários sobre a moderna ciência matemática da natureza, tocando as noções de ensinar/aprender. Ali, o autor, em uma contextualização de conceitos, retoma essas noções junto aos gregos antigos, afirmando que tudo o quanto possa ser ensinado deva ser – necessariamente – *matemática*.

Entendemos matemática *não* como a ciência calculadora que efetua e extrai resultados mensuráveis a partir de operações lógicas entre entidades numéricas, mas como Heidegger nos descreve:

> O 'matemático', segundo a origem etimológica, resulta do grego 'tá mathemata', o que se pode aprender e, ao mesmo tempo; em conseqüência, o que se pode ensinar. 'Manthanoein' significa aprender. 'Mathesis' significa lição e, na verdade, num duplo sentido: lição no sentido de 'ir a uma lição e aprender' e lição como 'aquilo que é ensinado'. Ensinar e aprender são aqui tomados num sentido lato e, ao mesmo tempo, essencial, não no sentido estrito tardio, utilizado na escola pelos doutos. (HEIDEGGER, 2000)

Segundo essa compreensão de matemática, teria mais a lucrar a interpretação do conhecido lema do Liceu de Platão, que traz inscrito em seu pórtico o seguinte: "Afaste-se daqui quem não sabe matemática" (e mesmo em sua variação "Afaste-se daqui quem não sabe geometria").[1] De acordo com essa nova acepção no comentário *supra*, a epígrafe platônica poderia ser entendida como: "Afasta-se daqui quem não sabe aprender". O que mais que uma restrição aos inábeis em efetuar cálculos, remonta a afirmativa de Heidegger apresentando a matemática como um pré-requisito para quem deseja aprender o que quer que seja.

---

[1] Como no grego: *"Mèdeis agéômètrêtos entahad' eisitô"*.

Ao conceito de mathemata são atribuídas muitas determinações, algumas bem específicas, as quais enumeramos apenas as principais:

a) *coisas físicas*, na medida em que se dão por si mesmas;

b) *coisas produzidas*, que chegam a nós através do trabalho do homem;

c) *coisas no uso*, sendo, pois, os instrumentos, ferramentas, aparelhos utilizados para auxiliar a execução de ocupações e tarefas.

Esse último enfatiza o aspecto de prática (*práxis*), no sentido de ação, exercício ou uso situacional, servindo mesmo como suporte para as demais compreensões de mathemata (HEIDEGGER, 2000).

Notemos que todas as determinações da mathemata possuem algo em comum, dizem respeito ao modo de ser das coisas em um determinado prisma; isto é, já desde uma orientação das coisas, desde um modo de aprender. Nesse momento, é preciso que confirmemos nossos termos, à guisa de uma compreensão segura do problema:

> Mathesis significa aprender; mathemata, o que se pode aprender. De acordo com o que foi dito, as coisas são visadas com essa designação, na medida em que se podem aprender. Aprender é um modo de aprender e do apropriar-se. (HEIDEGGER, 1987, p. 76)

O que se pretende apontar com essa passagem é que aprender, em sentido rigoroso, não se trata de tomar as coisas como suas, prontamente (isto é, em um momento não se conhece um objeto e, no momento seguinte, após ter sido experimentado esse objeto, passa-se a tê-lo como empiricamente conhecido). Para nosso autor, a relação com o objeto da aprendizagem dá-se a partir de um exercício; nisso fica marcado o caráter prático do aprender como um dos sentidos da mathemata, exercício que conduz quem aprende a aprender.

> Na verdade, este 'tomar conhecimento' é a essência autêntica do conhecer, a mathesis. As mathematas são as coisas, na medida em que as tomamos no conhecimento, enquanto tomamos conhecimento delas, como aquilo que

verdadeiramente já sabemos de modo antecipado: o corpo como corporeidade; na planta, a vegetalidade; no animal, a animalidade; na coisa a coisidade etc. Esse verdadeiro aprender é, por conseqüência, um tomar muito peculiar, um tomar no qual aquele que toma, toma, fundamentalmente, aquilo que já tem. A este aprender corresponde, também, o ensinar. Ensinar é um dar, um oferecer; no ensinar, não é oferecido o ensinável, mas é dada somente ao aluno a indicação de ele tomar aquilo que já tem. (HEIDEGGER, 1987, p. 76)

Aqui, Heidegger aponta que o ensinar/aprender dá-se em um tipo de relação com as mathematas, capaz de estabelecer uma identidade entre *quem aprende e o que é apreendido*. É isso que o filósofo quer dizer quando afirma que ensinar é indicar a quem deseja aprender aquilo que já se tem. Daí, a tarefa premente de quem ensina (do docente), quando se trata de conteúdos, é *oferecer a oportunidade de o aluno reconhecer em si essa identidade fundamental e como a mesma se dá*. Pois o ensinar, segundo Heidegger, nada mais é do que provocar o aluno a descobrir um sentido próprio a si e a própria necessidade do seu aprender.

O conceito de sentido é caro ao pensamento de Heidegger, pois, para esse autor, essa experiência diz respeito ao contexto no qual se mantém a possibilidade das coisas se darem em seu ser. Do mesmo modo, sentido é o que orienta o horizonte de realização de um indivíduo, na medida em que esse revela uma perspectiva própria a sua existência por meio da qual construirá seu acesso à aprendizagem.

O ensinar, então, torna-se a tarefa heurística que revela sentido, que faz com que o aprender tenha sentido, daí: "Dizer que o ente 'tem sentido' significa que ele se tornou acessível em seu ser, que só então, projetado em sua perspectiva, ele 'propriamente' 'tem sentido'" (HEIDEGGER, 1996, p. 118).

A difícil tarefa de ensinar/aprender

As compreensões apresentadas anteriormente, filiadas às escolas tradicionais da educação, poderiam ecoar na pedagogia grega com Platão, na latina com Quintiliano, bem como nas suas derivações na antiguidade romana com Clemente de Alexandria e Agostinho (tradições que Heidegger conhecia bastante bem). Em todas essas, parece estar presente o educar *desde* o indivíduo, experiência expressa no termo latino *"educare"*, que em sua etimologia indica um *"trazer para fora"*, um *"tirar de..."*. Constatação que, por si só, ratifica a improcedência do modelo de docente que possuiria a mera tarefa de ministrar conteúdos, tal como mencionamos anteriormente. Pois, dizendo com Heidegger:

> Quando o discente recebe apenas qualquer coisa oferecida, não aprende. Aprende pela primeira vez, quando experimenta aquilo que toma como sendo o que, verdadeiramente, já tem. O verdadeiro aprender está, pela primeira vez, onde o tomar aquilo que já se tem é um dar a si mesmo e é experimentado enquanto tal (sentido). Por isso, ensinar não significa senão deixar os outros aprender, quer dizer, um conduzir mútuo até a aprendizagem. Aprender é mais difícil do que ensinar; assim, somente quem pode aprender verdadeiramente – e somente na medida em que tal consegue – pode verdadeiramente ensinar. (HEIDEGGER, 1987, p. 79-80)

Vê-se que não se aprende o transferido se isso não disser respeito a quem aprende, se isso não fizer sentido. É preciso, portanto, que o discente esteja ocupado na tarefa de descobrir um sentido próprio a si. Cuidando, desse modo, por aprender a colocar-se numa perspectiva através da qual lhe seja possível aprender verdadeiramente desde sua existência individual. Somente assim a aprendizagem é autêntica, pois,

> aprender significa: ajustar nosso fazer e deixar ser ao que corresponde ao mais essencial em cada caso. [...] Nós atualmente só podemos, uma vez mais, aprender se sempre e igualmente deixamos aprender. (HEIDEGGER, 1994, p. 5)

Nesses termos, Heidegger diferencia o docente do discente somente pelo primeiro por ter diante de si, de maneira mais clara, o aprender em sua forma mais autêntica; daí outra afirmação do mesmo autor: "Em todo ensinar, o mestre é quem mais aprende" (HEIDEGGER, 1987, p. 80).

Essa proposição de Heidegger se assemelha a certas assertivas que Paulo Freire faz em muitos momentos de sua obra. Freire certamente concordaria com essa proposição heideggeriana, contanto que permanecesse resguardada a ambivalência desse docente que aprende conquanto educador-educando, na medida em que o docente é quem mais aprende por também estar aberto a aprender com seus discentes, processo que o alemão chamou de *um conduzir mútuo até a aprendizagem*. Ressaltando, com isso, que devemos ter presente a relação autêntica entre o docente e o discente, pois apenas, no seu transcurso, chegará a essa espécie de aprendizagem.

Na ambigüidade do ensinar/aprender reside a copertinência do discente ao docente. A dificuldade do aprender é também a dificuldade do ensinar. Nessa "dialética", Heidegger propõe, em aparente contradição à citação anterior:

> O ensinar é mais difícil que o aprender. Sabemos bem; mas raramente damos conta. Por que é mais difícil ensinar que aprender? Não porque o mestre deve possuir um maior caudal de conhecimento e tê-lo sempre à disposição. O ensinar é mais difícil que o aprender porque ensinar significa: deixar aprender. Mais ainda: o verdadeiro mestre não deixa aprender nada mais que "o aprender". Por isso também o fazer produz amiúde a impressão de que propriamente não se aprende nada dele, se por "aprender" se entende nada mais que a obtenção de conhecimentos úteis. O mestre possui o respeito dos aprendizes como o único privilégio o que tem que aprender, todavia muito mais que eles, a saber, o deixar aprender. O mestre deve ser capaz de ser mais dócil que os aprendizes. O mestre está muito menos seguro do que leva entre as mãos do que os aprendizes. Daí que, donde a relação entre mestre e aluno seja a verdadeira, nunca entra em jogo a autoridade do sabedor nem a influência autoritária de quem cumpre uma missão. Daí que siga sendo algo sublime o chegar a ser mestre, coisa inteiramente distinta de famoso docente. (HEIDEGGER, 1984, p. 50)

No referido, o autor mostra o ensinar como "deixar aprender", mas esse deixar não significa negligenciar a ação do ensinar, não é omissão ou passividade: É a *práxis* de assinalar ao discente o *lugar* de todo aprender. Daí, o ensinar é deixar aprender "o aprender", ou deixar que, a partir de certas coordenadas, o discente se coloque em uma atitude capaz de – doravante – aprender como autonomamente se aprende. A dificuldade do ensinar está em manter-se na justa medida dessa tensão.

O dito acima explica por que, às vezes, se tem a impressão de que o docente não ensina, esse não ensina apenas coisas, não só transfere conteúdos de um presumido saber (docente) a alguém que presume ignorar (discente) no melhor estilo dos *vasos comunicantes* da física. O mérito do docente não está em ele possuir grande conhecimento e saber transmiti-lo de maneira didática, mas em fazer/deixar o discente encontrar seu próprio caminho ao aprender. Via que o docente, de algum modo, passa também a conhecer; por tê-lo acompanhado, apreendendo, assim, com os discentes e gozando do privilégio de aprender sempre e mais que os discentes.

Essa posição será sustentada pelo autor nos anos subseqüentes, como mostra a conferência *Língua de tradição e língua técnica* proferida em 1962 em um curso de capacitação continuada dado na Academia de Combourg. Nessa, o filósofo adverte o público formado de professores de que sua exposição:

> [...] não deve informar mas ensinar, quer dizer fazer aprender. O bom pedagogo está mais a frente que seus alunos somente naquilo que tem ainda mais a aprender do que eles, a saber, fazer aprender. (HEIDEGGER, 1999, p. 5)

Isso legitimaria a figura do docente autoritário? Ficaria justificada, desse modo, a superioridade opressora do professor sobre o aluno? Poderíamos endossar com esse argumento o saber frio e inabalável encarnado no "Senhor Professor" ou no "Famoso Docente"? Ao contrário, Heidegger dirá que na genuína educação o docente é dócil, brando, por saber essa prática como risco, dificuldade inerente ao cuidar por ensinar/apreender.

CAPÍTULO IV

PROJETOS DE HEIDEGGER A UMA EDUCAÇÃO PÚBLICA

> As convicções não vivem, a não ser que tenham ocasião de lutar, e eu, por minha vez, tenho sólidas convicções. Mas como poderiam os senhores afirmar o mesmo das suas próprias pessoas? O senhor, tenente, ou o senhor, engenheiro, estão armados para se defender das miragens intelectuais? Correm o perigo de que essas sutilezas meio fantásticas, meio maliciosas, lhes prejudiquem espírito e alma.
>
> (Thomas Mann, *A montanha mágica*)

Ao conhecermos as idéias de uma filosofia existencial embasadas no cuidado e a compreensão que o autor faz do processo ensino/aprendizagem, considerando a pergunta pela possibilidade do aprender, é de se esperar que uma educação, assim pensada, coadune-se à idéia de um indivíduo livre para suas decisões e para orientar seu comportamento social. E porque tal educação possibilita a descoberta de um sentido próprio à existência do ser-no-mundo, almejando uma relação autêntica (embora preocupada com o outro e conforme a rede de propósitos, afazeres, significados cambiáveis nesse convívio mundano), imaginaríamos que tal comportamento apresentasse uma tendência liberal na maneira de constituir dimensões derivadas da existência, como a social e a política. Não é isso que ocorre.

As idéias de Heidegger, no que tangem à existência sociopolítica do ser-no-mundo, assumem feição autocrática durante os anos de 1930, fazendo com que o autor se mostre simpático à ideologia do partido *nacional-socialista* na Alemanha. Para nós, esse fato constitui um paradoxo, pois, *como pode um autor, cuja filosofia acena à autenticidade de uma existência individual, estar ligado à doutrina de um regime ditatorial de governo? Como pode uma educação para a singularidade encontrar formulação no mesmo autor que possuirá propostas pedagógicas associadas às políticas públicas de educação de uma tirania?* Provocados por essas questões é que perguntamos pelas propostas de Heidegger para a educação na Alemanha; buscamos pensar as implicações que a filosofia do autor teriam ao pensar a educação e a sociedade de sua época, e justamente porque a sociedade e a política estão entrelaçadas é que falaremos desta última.

Temos ciência de que o tema é bastante delicado, não só por tocar em uma das feridas narcíseas do povo alemão, mas por revolver sentimentos e críticas nem sempre sóbrios. O risco sua de abordagem está justamente em revisitar o envolvimento que o autor teve com o nazismo, nos anos de 1930, mazela em torno da qual os comentadores se posicionam de duas maneiras bem claras e que, embora antagônicas, se equivalem. *No primeiro caso*, o tom inflamado de denúncia das convicções políticas do autor; *no segundo*, a defesa cínica e não menos passional.

É importante enfatizar, desde já, que não tomamos partido da primeira, nem da segunda. Não pretendemos endossar os diversos argumentos *ad Hominem* que pesam sobre Heidegger, tampouco advogar contra eles. A atitude que poderia ser interpretada como acrítica se justifica por nosso interesse em o autor se manter indiferente ao passo daquele docente acadêmico que, entre outros tantos, deu crédito ao nazi-facismo, concentrando-se nos aspectos filosóficos do tema.[1]

---

[1] Em seu conceituado *Ascensão e queda do III Reich*, William Shirer (1963, p. 374) relata o grande número de docentes do ensino superior que se submeteram ao processo de nazificação. As estatísticas indicam que aproximadamente três quartos (cerca de 8.640 professores) da população docente "permaneceu em seus postos, e ao começar o outono de 1933, uns 960 deles, liderados por sumidades como o Professor Sauerbruch, o cirurgião, Heidegger, o filósofo existencialista e Pinder, o historiador da arte, manifestaram publicamente um voto de apoio [...] ao regime nacional-socialista."

Em tempo, concordando que as compreensões políticas de Heidegger são controvertidas, entendemos que essas páginas de sua biografia não são suficientes para invalidar sua filosofia e, sabendo dos perigos oferecidos pelo tema envolto em celeuma, julgamos que seria uma falta – ao tratar da educação – omitir as implicações que a política teria sobre essa. Portanto, esclarece-se que, se citamos aqui aqueles que ficaram conhecidos como seus *textos políticos*, é somente porque esses documentos são fontes que viabilizam pensar a educação no autor. Assim, dizendo de modo claro e redundando propositalmente: *Não se trata da política de Heidegger, mas de pensar a educação em seu contexto sociopolítico e, somente por interesse nessa, tocaremos em implicações políticas de seu pensamento.*

Educação e política na Alemanha do Heidegger reitor

Qual o contexto em que as idéias políticas de Heidegger afloram? Qual o cenário de época no qual Heidegger teria proposto suas idéias à educação?

A Alemanha vivia a *República de Weimar*, acusada de colaboracionismo com as potências que impuseram o *Tratado de Versalhes* a essa Nação no pós-guerra. Esse governo sempre teve seu prestígio abalado, por submeter-se às sanções do documento que acarretara uma crise político-econômica no país; além de proibir, entre outras coisas, a ampliação de seus exércitos e a fixação de tropas em zonas consideradas geoestratégicas. Isso fazia com que tal política causasse descontentamento na sociedade civil e nas forças armadas, representadas pela elite prussiana. Esses seguimentos ainda reputavam pusilânime aquela república, de tendência democrática, de ser permissiva às idéias da "ameaça comunista" (SHIRER, 1963).

Em 1932, poucos intelectuais acreditavam na república, entre eles o jurista austríaco Hans Kelsen, que constatava que, para a maioria da juventude, as idéias liberais teriam definitivamente malogrado na Alemanha. De outro jurista da época, vemos a acusação de que o liberalismo seria incapaz de conter a tendência de desagregação da sociedade civil, causada por conflitos ideológicos e individualistas. O alemão Carl Schmitt justificaria, assim, a necessidade de um Estado que regulasse esses conflitos, possuindo poder absoluto e força ilimitada, sobrepondo-se às individualidades. Essa proposta entraria em vigor no *Terceiro Reich*, no qual o Estado seria a instância culminante, cujos poderes Legislativo e Judiciário procederiam das diretrizes do governante (Executivo), cuja autoridade independeria de qualquer requisito de legitimação (SAFRANSKI, 2000).

Do mesmo modo com que questionavam a autoridade daquela República e sua *Constituição Nacional*, promulgada em 1919, contestava-se suas propostas educacionais. A educação democrática, pautada prioritariamente na pedagogia social de Paul Natorp, foi substituída logo que Adolf Hitler subiu ao poder em 1933.

A nova política educacional falaria na formação de um "novo homem", edificado sobre as idéias de raça e tradição. O processo de nazificação educativa contaria com a vigília e controle dos diversos aspectos da vida cotidiana, da prática educativa inclusive, unificando e sistematizando fins, métodos e programas de ensino. Francisco Larroyo (1957, p. 618) descreve em pormenores os diversos graus do sistema de educação daquela autocracia, desde a criação das licenças matrimoniais, visando à pureza racial, até as *Universidades*, que admitiam os estudantes mediante preparação seletiva e também eram incumbidas da formação docente.

Em toda a Alemanha, independentemente de se estar dentro da escola ou não, aquela ideologia totalitária se difundia de maneira estridente a fascinante. O discurso oficial, propalado enérgica e dramaticamente; os símbolos de virilidade, brasões, estandartes, insígnias e bandeiras, emprestavam uma aura digna a uma história fictícia, agora exaltada em paradas militares, músicas marciais e outros tipos de *violência sensorial* (TCHAKHOTINE, 1967).

A educação universitária para uma política totalitária

Nesse cenário, Heidegger, então professor da Universidade de Freiburg, foi eleito reitor em 1933 quase por unanimidade. Crédulo de que o novo governo seria uma benesse à Alemanha, já em seu *Discurso de posse* professava idéias educacionais para a universidade que se coadunariam com outras que acreditava capazes de restaurar a identidade do povo alemão e formar indivíduos com força produtiva suficiente para tirar o país da crise. Essa convicção se registra aqui, em termos contundentes:

> O novo ensino – é disso que se trata – não significa acumular conhecimentos, mas significa, pelo contrário: fazer aprender e deixar aprender. Isso quer dizer: deixar-se ficar sob o domínio do desconhecido, e em seguida tornar-se mestre desse desconhecido num saber que o compreende, tornar-se seguro no olhar que é preciso lançar sobre o essencial. Num tal ensino, a verdadeira investigação pode nascer; ela está totalmente imbricada pelo seu enraizamento no povo e pela sua ligação ao Estado. O estudante é impingido a avançar por entre a incerteza de todas as coisas e a partir daí se funda na necessidade de seu empenho. O estudo deve tornar-se um risco, e não um asilo para os fracos. Aquele que não suportar a luta não se desvencilhará. A nova coragem deve habituar-se à constância, pois a luta pelos lugares de educação dos dirigentes vai durar muito tempo. Será conduzida graças às forças do nacional socialismo que o Chanceler Adolf Hitler tornará real. Esta luta deverá ser conduzida por uma espécie de homem determinado, livre de todo o pensamento egoísta, uma espécie que vive a partir de um constante pôr-se à prova, tendo como única meta aquela pela qual se empenha a fundo. O que está em causa nesta luta é a figura daquele que ensina e conduz a universidade. (HEIDEGGER, 1994, p. 138)

No documento, elementos de uma compreensão heideggeriana de educação aparecem mesclados a idéias de uma política totalitária. Em primeiro lugar, enfocando as preocupações filosóficas com respeito à educação; em segundo, no que compete à ideologia de partido.

1. Observemos que, *com respeito à educação*, Heidegger a entende não como um depósito de conhecimentos, mas como o aprender a apreender, como já havíamos tratado antes. Entendendo o aprender como o de uma *matemata* (algo que pode ser aprendido), a educação, em vista do processo de ensino/aprendizagem, é aquilo que desenvolve meios para que, a partir de sucessivas aproximações à matéria, o discente aprenda a se conduzir no ato de conhecimento. Uma vez sabendo o modo de sua abordagem, é possível fazer conhecido o que era desconhecido e desafiador, compreendendo-o e, até mesmo, conduzindo outros autenticamente à mesma compreensão.

O ensinar/aprender é, então, pensado como a descoberta e a consecutiva construção do *conhecimento,* e não mais uma *instrução*. Empenhado em aprender, o discente é aquele que vê, remontada na tarefa do estudar, a própria existência. Pois, o aprender, bem como o existir, é a situação instável na qual ele sempre e a cada vez conquista seu mundo. Daí, o aprender estar associado ao risco existencial de ser ou não ser; e ao empenho de continuar sendo; da busca, nesse modo de existir, de algo que lhe seria próprio; de todos seus riscos, ao contrário do solo capaz de ser apontado seguro. Nesses termos, também na relação de aprendizagem, seria necessário o destemor para constatarmos que: "Nada somos; tudo é o que procuramos" (Hölderlin *apud* Axelos, 1969, p. 15).

No documento ainda transparece a oposição de Heidegger ao modelo educacional precedente, posicionamento que o autor adotava desde o ano daquela reforma, como se vê na carta de *1º de maio de 1919, endereçada a Elisabeth Blochmann* (Heidegger, 1966). Nessa, além das convicções sobre o papel de universidade, vê-se grifado que a educação, seja ela qual for, é sempre co-extensiva à existência, "tanto com respeito a seus mestres como a seus 'alunos', de uma atitude ante a vida [...]"; assim, o autêntico *ser-aí* da educação estaria indissociavelmente ligado à Universidade.

Admitindo que a educação em geral se apóie em um modelo filosófico (PAVIANI, 1985), Heidegger ainda especificaria essa base como o princípio metafísico da razão (HEIDEGGER, 2005), o mesmo em que se respalda o projeto da moderna universidade alemã, consignado por autores como Fichte e Humboldt. Esse dado, somado aos demais interpretados na passagem, indica que a compreensão heideggeriana de educação na universidade ainda é herdeira de um modelo, por um lado autônomo, fértil e progressista; por outro, elitista e hierarquizado. Heidegger teria experimentado isso enquanto freqüentou a escola de Husserl, cuja exigência de rigor e perfectibilidade do trabalho acadêmico, por muitas décadas, foi marca da mais alta expressão filosófica e científica.

Mas não só traços de uma educação moderna ficam expressos nas idéias de Heidegger para a educação. A influência da paidéia grega é marcante, sobretudo nas leituras que o autor faz de Platão (como trataremos adiante).

2. No que compete *às idéias políticas* presentes no trecho, Heidegger fala da educação sendo conduzida por uma figura esclarecida dos riscos da existência; capaz de defender os interesses dos indivíduos e de conduzi-los, demonstrando a competência natural de governante. Essas idéias, em parte, aproximar-se-iam das de Carl Schmitt, que vê o ditador como a personificação do *Estado absoluto* condutor da política, suprimindo conflitos ideológicos e individualistas, ao passo que a sociedade sacrificaria seus direitos individuais, obedecendo fielmente às diretivas dadas pelo poder público. Contudo, os dois autores divergem entre si, pois Schmitt vê no ditador a figura necessária à reimplementação e conservação da ordem; Heidegger, por sua vez, interpreta-o como o representante de uma revolução social. Constata-se a crença nesse Estado supostamente forte e empreendedor no *Apelo aos estudantes de 10 de novembro de 1933*:

> Que dia a dia, hora a hora, se firme a fidelidade da vontade de obedecer. Que cresça em vós sem cessar a coragem de

> vos sacrificardes para salvar o essencial e fazer com que se eleve a força mais íntima do nosso povo no seu Estado. Que nem os princípios doutrinários nem as "idéias" sejam regras de vosso ser. O próprio condutor (Führer) e só ele é a realidade alemã de hoje e do futuro, assim como sua lei. Aprendei sempre mais profundamente, a saber, que doravante cada coisa exige decisão e, cada ato, responsabilidade. (Heidegger, 1994, p. 112)

Aqui a evocação à fidelidade e a obediência é o apelo à participação pública no Estado, um chamado a cada cidadão a assumir um papel e submeter-se aos desígnios de um líder que supostamente saberia qual o curso a ser dado à política. Cada cidadão seria como peça que só tem função na máquina do Estado.

A educação para essa política forjaria sujeitos que não perseguem ideais ou fins, mas se colocam numa posição que lhes submete a regras (colocadas pelo Estado e ratificadas pelo aparato jurídico-político, geralmente hipertrofiado em toda tirania), comportando-se ajustadamente às circunstâncias que se lhes impõe.

Presume-se, portanto, que o conceito de decisão, mencionado por Heidegger, esteja longe do significado de *decisão antecipadora* (*entschlossenheit*), usado pelo autor em obras como *Ser e tempo* para apontar a resolução de um indivíduo pela apropriação de um sentido autêntico à realização de sua existência. Do mesmo modo, a responsabilidade referida, em muito dista de um imperativo ético com base na responsabilidade por outrem ou, mesmo, no cuidado como modo de ser próprio do indivíduo como ser-no-mundo. Isso intriga a todos, pois, aponta, em primeira mão, a uma contradição interna da obra do autor: *Fala-se do ser-no-mundo como coisa singular entregue às urgências próprias de sua existência em face do risco do comportamento impessoal; depois, do ser-no-mundo, como aquele que depende de ser autenticamente conduzido pela força a uma realização que não está dissociada do coletivo.*

Retomando a primeira citação do *Discurso do reitorado*, é curioso reparar que a descrição do recém-empossado chanceler, refere-se a um homem cujo nome estaria, em breve, ligado a um dos maiores dramas de consciência que, a humanidade já presenciou. Também é preciso atentar que ao invés de "uma espécie de homem determinado, livre de todo o pensamento egoísta", a história mostra Hitler como o maior entre os egocratas, ao encarnar o poder da Alemanha dissolvendo as fronteiras entre a esfera do Estado e a sociedade civil, tornando-se onipresente nos setores públicos se não pela ideologia, pela força bruta de braços para-militares como a *SA* e a *SS*, nivelando as relações sociais segundo um modelo entendido como ideal.

Observemos que a descrição em nada condiz com a figura em questão. O retrato pintado por Heidegger mais se assemelha ao de um líder utópico do que o do ditador alemão. Em alguns momentos, temos a impressão que Heidegger se refere ao Rei-filósofo, encontrado em *A República* de Platão. Hipótese que, esboçada por Karl Jaspers, recrudesce ao encontrarmos, nos diversos textos escritos para o reitorado, menções ao livro grego (SAFRANSKI, 2000). Como é o caso da citação do passo 497 d, fechando o *Discurso de reitorado (1933)* e a menção a sua interpretação do mito da caverna, no texto: *O reitorado de 1933-34: fatos e reflexões*. Essas incorrências não podem ser consideradas acaso, posto que a biografia do filósofo aponta, exatamente nesse período, um Heidegger constrangido a imergir nas leituras de Platão, por acreditar que o recurso à grandeza e a exemplaridade daquele início grego seriam urgentes à retomada de uma filosofia em seu tempo (HEIDEGGER, 2007a). Na época, o autor trabalhava no texto que é uma interpretação da alegoria platônica da caverna, presente naquela obra.

O escrito de Platão, tendo em vista a paidéia e sua vigência política, formularia uma doutrina na qual essas deficiências pudessem ser resolvidas.

Com os fatos referidos, explicam-se nas idéias diretrizes do "projeto político pedagógico"[2] para a universidade alemã, as coincidências com os termos daquela teoria de Platão. Chamemos atenção para algumas:

a) A figura do governante como aquele que conduz os outros por conhecer a *verdadeira realidade*, tendo passado da opinião à ciência; podendo, assim, orientar;

b) a necessidade da decisão pelo sacrifício das individualidades em prol da missão historicamente espiritual que seria conduzida pelo Estado;

c) a disciplina e a obediência como marcas da convicção firme (e sem garantias) de que o governante empreenderia a transformação dos homens e da sociedade;

d) a crença de que também o Estado deveria conduzir a educação e de que o trabalho seria outro modo da formação do cidadão (HEIDEGGER, 1994).

Características específicas capazes de ser observadas como: *atenção quanto à gestão da educação e dos estabelecimentos de ensino; a renovação dos olhares sobre a organização das práticas pedagógicas e a gestão das condutas no espaço da instituição.* A esses ainda poder-se-ia acrescentar o engajamento docente e discente e de todos os demais membros da comunidade escolar numa *articulação total* (SHIRER, 1963).

Algo aproximado se encontra nas idéias relativas ao ensino universitário e técnico, como nas propostas à educação feitas por Heidegger em outro ponto da aludida conferência:

> Temos o novo Reich e a Universidade, que deve receber as suas tarefas da vontade e da existência do Reich. Na Alemanha, é a Revolução. [...] A Universidade deve tornar-se uma instância de educação cuja missão é educar, pelo saber

---

[2] Reconhecemos que o uso que fazemos do termo projeto político pedagógico, aqui, não pode pretender rigor (por ser terminologia recente, referindo-se a um modelo empenhado em construir relações democráticas, buscando oportunizar um trabalho pedagógico numa perspectiva crítica para a formação de um cidadão autônomo e, portanto, sem a perda dos seus vínculos sociais), avaliamos que algumas das idéias de Heidegger, mesmo com propósitos diversos, podem ser enquadradas nos quesitos que deveriam ser observados em um projeto como esse (CORRÊA *et al.*, 2002).

e em vista do saber, a esfera condutora do Estado. Este objetivo implica uma tripla exigência: 1) o conhecimento da Universidade de hoje; 2) O conhecimento dos perigos que hoje ameaçam o futuro; 3) A nova coragem. Até agora, na Universidade, a pesquisa e o ensino mantiveram-se como eram desde há décadas. O ensino devia resultar da pesquisa, e procurava-se estabelecer um bom equilíbrio entre os dois. Esta forma de ver correspondia sempre do ponto de vista do docente; não se fazia nenhum esforço pela Universidade enquanto comunidade. (HEIDEGGER, 1994, p. 136-134)

E em alternativa à Universidade, o autor já havia acrescentado num artigo do *Jornal dos estudantes de Freiburg, em 20 de março de 1933*:

> No futuro, a escola não terá mais o monopólio da educação. Uma nova instância da educação, de importância decisiva, acaba de surgir, com o serviço de trabalho. [...] A oficina (escola técnica) é ao mesmo tempo um autêntico centro de formação para os dirigentes de todas as categorias sociais e de todas as profissões. Pois, o que conta nessa, é o que há de exemplar na ação e na criação de empresa em comum, e não o simples fato de estar lá e de ver fazer. [...] A oficina tornar-se-á ao mesmo tempo, enquanto lugar de educação específica, uma nova fonte para as forças graças as quais todas as outras instâncias educativas serão – e, sobretudo a escola – obrigadas a tomar posição, o que as levará a transformarem-se. [...] Oficina e universidade têm a intenção, cada uma dando e tirando da outra, de reunir as instâncias educativas de nosso povo numa unidade que tenha encontrado o seu enraizamento, e a partir da qual o povo se dê o dever, no seu Estado, de agir para o seu destino. (HEIDEGGER, 1994, p. 109-110)

Vê-se a Universidade como uma agência estatal responsável pela promoção da educação superior. Contudo, naquele governo, parece não mais haver o lugar para uma política universitária autônoma, já consagrada no modelo clássico que trouxera prestígio à filosofia e à ciência alemãs, interessada em um desenvolvimento nacional ainda que marcada pelo espírito aristocrático. Agora, a Universidade aparece como mais uma instituição executiva das diretivas de uma política pública de educação, incumbida da tarefa de educar o cidadão de maneira conforme ao que a esfera dirigente entendia como adequado aos propósitos do Estado. A Universidade, que, durante muitas décadas, foi responsável pela elevação do padrão dos conhecimentos acadêmicos, agora se resume a um elemento de reprodução da ideologia dominante, tornando-se "executora da vontade do partido apoiado no Estado e [...] pronta a qualquer momento, a defender sem reservas o Estado nacional-socialista" (SHIRER, 1963, p. 371); ainda, um *instrumento de controle poderosíssimo*, como bem avalia Theodor W. Adorno (2003) em crítica à Heidegger.

Uma educação, mesmo superior, que atua com esse propósito, é capaz de formar padrões de comportamento, na medida em que reproduz um modelo no qual as relações sociopolíticas se estabeleçam com base na disciplina em um tipo de participação social resumido no consentimento tácito e obediente. Essa educação não cria condições para a *comunidade*, entendida como o conjunto de indivíduos esclarecidos e participantes da vida pública; mas para a *massa*, instância impessoal sem representatividade e que apartadas das atividades políticas, se deixa conduzir, inquestionavelmente, pelas diretivas do Estado.

Uma educação massificada, seja ela operada pelo ensino superior ou naquilo que seriam os segmentos fundamental e médio, repercute na formação do indivíduo também naquela que seria sua educação informal. Assim, instituições populares como grêmios, sindicatos, associações culturais, organizações não governamentais em geral (por meio das quais a educação informal se dá) se transformam também em organismos de massa, reprodutoras de cultura massificada, na qual os indivíduos, em todos os segmentos sociais encontram-se, pois, planificados.

Enquanto a universidade forma os cidadãos e, mesmo, os futuros governantes,[3] para os estratos sociais sem acesso

---

[3] Como em *A República* nos passos a seguir indicados. Cf. Platão (1993, p. 327). (521a)

à educação superior, o ensino técnico (chamado por Heidegger de "oficina") seria responsável pela profissionalização daqueles reservados à indústria, ao campo, criando meios de subsistência e outras funções, como a segurança (PLATÃO, 1993, p. 86. (376b)). Também o investimento do ensino técnico-profissionalizante, feito na Alemanha da época, é associado por Heidegger como um agente educador para a transformação social. Ainda que, posteriormente, entendamos que tal empreendimento não teria outro interesse, ao governo alemão, que criar mão-de-obra capacitada para ser absorvida pela máquina beligerante de Hitler.[4]

Para o filósofo, a união da Universidade com a escola técnica seria capaz de ampliar o potencial produtivo da nação, fortalecendo o Estado e as condições de um *bom governo*, para, quem sabe, realizar o ideal da *bela cidade* platônica (*Kallipolis*) na própria Alemanha (PLATÃO, 1993, p. 339. (527c)).

Não seria preciso dizer que tal modelo proposto por Heidegger não convenceu a comunidade acadêmica, que, cedo, manifestou seu desagrado quanto às prescrições por crença e obediência disciplinadas àquele Estado totalitário. Entre os críticos mais cáusticos estava Erich Jaensch, um antigo colega de Heidegger, que escreveu diversos pareceres acusando que essas idéias de educação e o seu conteúdo temático não passariam de ideologia nazi-fascista travestida de filosofia da existência, sendo, logo, rejeitadas como uma "[...] influência devastadora do ponto de vista pedagógico (JAENSCH *apud* LOPARIC, 2004, p. 13)"

---

[4] Reavaliando anos mais tarde a compreensão da educação técnico-profissionalizante e da universitária consignadas aqui, comenta Heidegger (1999, p. 8): "'A escola' significa o conjunto das instituições escolares desde o ensino fundamental até à universidade. Essa última é hoje, provavelmente, a forma de escola mais esclerosada, a mais atrasada na sua estrutura. O nome 'universidade' perpetua-se pesadamente e apenas como um título fictício. Na mesma medida o nome 'escola profissional' atrasa-se sobre aquilo que se refere o seu trabalho na era industrial. É igualmente duvidoso que os propósitos relativos à escola que forma para uma profissão, a formação geral e a formação como tal (*Bildung*) como tal, se apliquem ainda à conjuntura que a era da tecnologia marca com o seu cunho".

Interpretação da paidéia em
A doutrina de Platão sobre a verdade

As críticas voltadas a Heidegger parecem, em sua intensidade e número, proporcionais ao dinâmico desempenho de sua carreira de administrador da educação. Entusiasmado com algumas das propostas do Terceiro Reich, o reitor apoiou o serviço de trabalho e propunha, ao lado da educação intelectual, uma educação física, com acentuado caráter militar. Essa disciplina, em que se ressalta um caráter prático incomum, encorpava o plano de fundar e dirigir uma *Academia de docentes* em Berlim, na qual seria possível, na formação dos professores, retomar os *princípios da paidéia,* fazendo com que a originariedade da filosofia grega pudesse restaurar as forças constituintes de uma comunidade proativa à Alemanha.

Em tal estabelecimento, seria possível entremear ao trabalho científico-acadêmico o cultivo do corpo com a ginástica; o recato necessário aos estudos; a recreação com jogos; o aprofundamento dos estudos predominantemente filosóficos e atividades para o despertar de lideranças acadêmico-políticas. Essa proposta foi considerada pelos universitários excêntrica e seus propósitos obscuros; acusada de carecer de um espírito de liberdade e de diálogo. A ideólogos do nazismo, como Ernst Krieck, pareceu inadequada, permanecendo na zona de indiferença na qual eram mantidas muitas das idéias intelectuais daquele período (Loparic, 2004).

Apesar das rejeições, *temos*, com essas, que certa educação tanto para os gregos quanto para as circunstâncias da Alemanha da época, o indivíduo teria sua formação conduzida de acordo com uma doutrina na qual a submissão das liberdades individuais se tornaria favorável. Motivos que nos convencem de que as idéias pedagógico-políticas de Heidegger coincidem com as propostas de *A República*, na qual a idéia de uma educação pública revigora "a magnitude do ideal platônico do Estado que submete os interesses privados à comunidade" (Larroyo, 1957, p. 139), o que, dito nos termos de sua teoria das idéias seria: submeter as aparências, as idéias, as particularidades ao universal. Fica constatada, assim, que a educação não é uma propriedade individual, mas pertence por essência à comunidade (JAEGER, 2001, p. 4). Essa tensão, observada no modelo platônico, é aceita em diversos autores (PAVIANI, 1988), e avaliada como inerente à própria educação como diz Wilhelm Dilthey: "Crê-se refutar Platão com os dogmas do chamado sistema liberal, porém, o que nos havia conduzido até então? [...] Ano a ano é mais duvidosa a verdade desses dogmas nos quais se baseia a crença de que é possível por de lado a Pedagogia do Estado de Platão" (DILTHEY *apud* LARROYO, 1957, p.139). Naturalmente, essas mesmas falas vindo de Heidegger, naquele contexto, soariam autocráticas, em discursos como os já citados aqui.

É preciso advertir que, embora trabalhemos na hipótese de que as idéias da educação em Heidegger remontam à paidéia grega, não estamos retomando aquele velho argumento (muito em voga entre os intelectuais do nacional-socialismo na década de 1930) que dizia que Hitler, bem como Platão, estaria interessado em uma nova delimitação do lugar do Estado. Temos o interesse de determinar, aqui, *o papel que a paidéia teria no projeto de Heidegger* para a educação e de que maneira ela nos reportaria a sua época.

Quanto à paidéia, Werner Jaeger, em sua célebre obra homônima, afirma que o conceito em questão "[...] é, de fato, difícil de definir: como outros conceitos de grande amplidão (por exemplo, os de *filosofia* ou de *cultura*), resiste a deixar-se encerrar numa fórmula abstrata" (JAEGER, 2001, p. 1). Com efeito, embora coincida, em alguns pontos, com expressões modernas como civilização, cultura, educação, costume e *formação de uma imagem*, a idéia não se traduz diretamente por nenhuma dessas. Tal dificuldade talvez não se justifique apenas pela distância cronológica e cultural que temos dos gregos, mas pelo fato de não termos uma definição categórica. Observemos que mesmo Platão, ao se referir à paidéia, o faz de maneira indireta, usando uma ilustração, como vemos no Livro VII de *A República*.

Em sua conferência *A Doutrina de Platão sobre a verdade*[5], Heidegger faz uso de trechos daquela obra de Platão, partindo dos passos (514a-517a) correspondentes ao "mito da caverna". Embora não seja considerado um texto político, o escrito do alemão permite que *ora* nos aproximemos de uma leitura que evoca a autoridade de um líder capaz de conduzir os seus, resgatando-os da obscuridade; *ora*, uma retomada de sua filosofia existencial, tendo em vista o educar contra a impessoalidade (interpretação na qual nos concentraremos).

Apesar de a alegoria platônica ser uma das passagens mais conhecidas da filosofia, e invariavelmente recorrida por livros que tratam a educação na Grécia, reproduzimos aqui os pontos mais diretamente ligados à educação, citados com base em Heidegger:

> [...] imagina a nossa natureza, relativa à educação ou à sua falta, de acordo com a seguinte experiência. Suponhamos agora o seguinte: uns homens em uma habitação subterrânea na forma de caverna; com uma entrada aberta à luz diurna que se estende por todo o acesso a essa gruta. Nessa morada, algemados pelas pernas e nuca, desde a infância, os homens têm sua residência. Também permanecem por eles no mesmo lugar, só podendo olhar o que tem em frente deles. Mover a cabeça em torno não é possível, posto que estão agrilhoados; serve-lhes um resplendor de luz, um fogo que arde atrás deles, acima e ao longe. Entre

---

[5] Escrito datado de 1931-32, mas publicado apenas posteriormente (1942), que oferece vários pontos capazes de ser apropriados pela educação, se partirmos do pressuposto de que *A República* (obra reconhecida como um trabalho sobre política, ao lado das *Leis*) seria também um texto sobre educação (como a *Carta sete*). Essa leitura, compartilhada por estudiosos como W. Jaeger (2001), se sustenta por ser neste escrito que Platão expressa suas preocupações quanto à formação do homem grego em sua época. O filósofo antigo, que testemunhou a queda da hegemonia da cultura ateniense após a vitória de Esparta na guerra do Peloponeso (431-405 a.C.), teria constatado a fragilidade da educação de Atenas ao necessitar se impor ante a força político-militar espartana; do mesmo modo, as insuficiências do sistema de educação de Esparta, no qual a disciplina voltada à formação de guerreiros concorria com a preocupação do desenvolvimento completo do indivíduo (PLATÃO, 1991).

o fogo e os prisioneiros discorre um caminho ascendente, ao longo do qual se constitui uma mureta [...]. (PLATÃO *apud* HEIDEGGER, 1990, p. 233)

O quadro mostra que, aos prisioneiros da caverna, as imagens da natureza, dos utensílios, dos animais, dos homens, de suas vozes e de todo o mundo exterior, seriam vultos nas paredes da caverna, sombras que os que esses homens percebiam, julgavam objetos reais, nomeando-os tal como os viam. Esse quadro permaneceria assim, até que:

> [...] os cativos se livrassem de suas amarras, curados da falta de discernimento e, considerando a espécie desta falta [...]. Tão logo se soltasse um deles e, o forçasse, a endireitar-se de súbito, a voltar a cabeça, a caminhar e a olhar para a luz, (então) sentiria (sempre) dor e tampouco estaria em condição de olhar os objetos cujas sombras anteriormente viu. [...] Não crês que falaria sem saber absolutamente nada e reputaria o visto anteriormente (com seus próprios olhos) como mais desoculto do que os que agora (por meio de outro) se lhe mostravam? (PLATÃO *apud* HEIDEGGER, 1990, p. 233)

O processo de se libertar o prisioneiro da caverna avança, quando o autor grego acrescenta:

> E se alguém o arrancasse dali a força fazendo-lhe subir pelo escarpado e difícil caminho da caverna e não deixasse de acompanhar até tê-lo trazido a luz do sol. Sentiria quem é assim conduzido dor e indignação? Não sentiria os olhos, depois de chegados à luz, ofuscados, não sendo capaz de ver sequer algo do que é agora desoculto? (PLATÃO *apud* HEIDEGGER, 1990, p. 233)

Após acostumar os olhos à luz, o ex-cativo progrediria ao contemplar as sombras, os demais homens, o espelho d'água, a fitar o céu e a encarar o próprio sol. Percebendo que a visão que tem agora do mundo é inteiramente diversa daquela anteriormente presumida, dada pelos vultos da caverna. Após essa transformação, ao recordar de sua antiga morada e do saber que ali possuía com os seus companheiros de cárcere, sentiria satisfação ao transmitir essa mudança aos outros. Retornando ao subterrâneo para resgatar os colegas.

Ao reproduzirmos esses trechos de Platão desde Heidegger, observa-se que o alemão se serve deles apropriativamente; bem pouco interessado no problema da justiça e do bem (como no contexto original do grego). Visa à "verdade".

Mesmo a leitura que o filósofo faz dessa em Platão diverge da tradicional. Para Heidegger, o grego não seria o filósofo das verdades absolutas decorrentes de um "mundo das idéias"; não haveria a verdade-idéia como matriz universal e perfeita da qual derivariam imperfeitamente as coisas aparentes em sua particularidade. Tal noção se resumiria em acontecimentos de verdade, ou seja, seria imanente a essa e àquela coisa particular, sem que houvesse uma instância ideal transcendente que lhe determinasse. Significa dizer que a interpretação que Heidegger faz de Platão consiste em um *platonismo sem idéia*, no qual a verdade não habita uma instância ulterior.

Essa interpretação é também possível a partir da parábola da caverna. Nesse caso, os homens que habitam as sombras não são aqueles que contemplam aspectos imperfeitos de uma idéia perfeita e absoluta (representada pela luminosidade do sol que brilha no exterior), mas aqueles que compreendem o ser da totalidade de modo encoberto, isto é, que tomam os entes em um modo de desvelamento cujo significado não se deixa ver claramente nas referências do mundo. Esse entendimento nos permite interpretar que, no seu texto sobre a verdade, que Heidegger utiliza a metáfora para retomar a noção de *impessoal* tal qual pensada na análise do ser-no-mundo cotidiano, instância embotada pelo *falatório*, como dimensão existenciária.[6]

Ali, os prisioneiros da caverna estão, no início e na maioria das vezes, em grilhões que, embora não vistos na

---

[6] Nossa interpretação é anacrônica e se sabe como tal. Heidegger, neste período, não mais se ocupa da analítica existencial, nem pensa o ser-aí mais segundo a dualidade autêntico-inautêntico. Ao pensar o ser-aí, ocupa-se (a partir de 1930) com a dimensão de "aí" deste ser, e uma análise do texto de Platão buscaria pensar o conceito de verdade já desde a noção de "acontecimento apropriativo" (*Ereignis*). Conceito fundamental de sua obra adiantada.

escuridão, são realíssimos, ao forçá-los a um mundo decadente. Ao saber-se livre para a possibilidade de sair da caverna, um dos cativos, apesar das vertigens e agruras, toma a via que leva ao exterior. Ao chegar à superfície, desacostuma os olhos da escuridão e acostuma seus olhos ao mundo aberto claramente, sua existência ali passa a ser uma constante apropriação de novos sentidos (mais essenciais) que se abrem às coisas mesmas desveladas de modo diverso da antiga habitação, num reacostumar do seu próprio existir.

Como a educação estaria relacionada a tudo quanto se narrou até aqui? Na medida em que é compreendida como esse acostumar-se ou reposicionar-se. Heidegger nos garante essa afirmação ao dizer que:

> Esse desacostumar-se e acostumar-se do ser humano ao domínio assinalado é a essência do que Platão chama de paidéia. A palavra não permite tradução. Paidéia significa, segundo a determinação da essência em Platão, a Periagogé holés tés psychés, ou seja, reconduzir toda a alma à essência. A paidéia é, do mesmo modo, essencialmente uma transição, da apaideusía à paidéia. (HEIDEGGER, 1990, p. 242)

A paidéia é pensada como a saída da *apaideusía*, de uma instância na qual não há a paidéia. Seria esse trânsito a saída da ignorância ao saber, da incultura à cultura? A resposta apenas seria positiva se entendermos essa cultura como agente de transformação capaz de conduzir o homem à realização mais plena de seu ser; se for capaz de conduzir o homem ao seu fundamento. Ou, como atesta o alemão:

> A interpretação da "alegoria da caverna" concentra-se em tornar visível e conhecida a essência da paidéia na história narrada. Preventivamente, Platão quer também mostrar que a essência da paidéia não consiste em passar meros conhecimentos na alma desprovida como um recipiente vazio qualquer colocado adiante, já que, contrariamente a isso, a autêntica cultura aprende e transforma a alma em sua totalidade, na medida em que previamente coloca o

homem em seu lugar essencial e a esse lhe acostuma. (HEIDEGGER, 1990, p. 243)

Com a descrição da paidéia nesses comentários, presumiríamos que a interpretação tivesse chegado a termo. Para Heidegger, todavia, o ápice dessa narrativa não se dá no exterior, mas no retorno do liberto ao subterrâneo. Livre da caverna e da escuridão, esse está, agora, também, aberto aos riscos de não ter mais para si o abrigo das certezas ou anonimato da escuridão. Retornando àquele convívio, encontrará a indiferença da maioria, receberá a zombaria de alguns e se sentirá desanimado, tendendo a se reacomodar a caverna. Se agir de maneira enérgica, o liberto incomodará e conflitará com aqueles que (acostumados a seus hábitos, opiniões e demais comportamentos cotidianos) não conhecem nem estão dispostos a conhecer outra situação. São esses últimos que, arraigados a suas convicções e fazendo resistência, imprimem-lhe sanções e conspirariam, mesmo, por matá-lo para conservar-se em sossego.

Algo se deduz daqui: não há discurso ou força que faça efeito sobre aqueles que se vêem imersos na caverna, a menos que algum desses também se descubra livre das correntes. Daí, se associarmos o homem que desce à caverna ao docente, é preciso que se veja que ele não é o pedagogo que cumpre a tarefa heróica de trazer luz a um indivíduo desprovido dela (*alumnu*), mas é quem conduz o olhar do discente ao essencial. Platão nos endossa ao propor que:

> A educação seria, por conseguinte, a maneira mais fácil e eficaz de devolver ao olho, não a visão, pois já a tem, mas, o olhar para onde deve (já que não estava na posição correta), dando-lhes os meios para isso. (PLATÃO, 1993, p. 323)

A idéia do texto de Heidegger poderia, sem dificuldade, ser apropriada por uma leitura política, ao se associar o prisioneiro conhecedor da luz, àquele líder que assumiria a missão histórica de conduzir os demais a um destino igualmente luminoso, nem que, para isso, precisasse ser enérgico.

Esse seria, pois, o estadista cujo poder conduziria a Alemanha a uma nova realidade?

Perguntas em aberto e conjecturas são legião quando se trata da política em Heidegger. A maioria delas permanece sem respostas, pois o único que poderia as esclarecer evitou comentar o assunto no pós-guerra, deixando as especulações entregues a elas mesmas. Cabe, assim, ao leitor, julgar se a hipótese de um equívoco que levaria o filósofo a confundir a tirania de Hitler com a "sofocracia" platônica pode ser sustentada. A nós cumpre lembrar que tal possibilidade não deve ser preterida de antemão. Afinal, já Platão, em sua época, reconhece os riscos das idéias ambíguas e do quanto elas seriam influência sem antídoto à inteligência dos homens, distanciando-os da verdade das coisas. *Data venia*, não teria sido por isso que propõe banir de sua República os poetas trágicos e todos os outros que praticam a arte da simulação?

| CAPÍTULO V

HEIDEGGER E SEUS PARES

Ao propormos apresentar nesse Capítulo como as idéias de Heidegger poderiam se aproximar ou distanciar de autores dedicados a pensar a educação, *não pretendemos o exercício exaustivo da análise de cada um desses em suas obras* (o que seria impossível fazer de modo responsável no espaço de que dispomos). Nossa intenção é situar os autores na história da educação, identificando em que escola eles seriam normalmente filiados; suas compreensões de educação, enfocando sua *finalidade, conteúdos* e *métodos*. Apenas, depois, traçaríamos pontos de um possível diálogo com o pensamento de Heidegger.

Um olhar abrangente, como o proposto aos muitos momentos possíveis de se pensar a educação em Heidegger, constata que, mesmo a interpretação que o autor faz do conceito, é multívoca. Quer dizer, muitos ecos do pensamento filosófico e de teorias pedagógicas se mostram presentes ao abordar o problema pelo enfoque possibilitado pelo filósofo.

Plural foi também o século de Heidegger. Marcado por intensa atividade no campo filosófico, no pedagógico, bem como no educacional (interseção dos primeiros), vemos pedagogos e filósofos pensando as urgências da atualidade e a necessidade de apropriação da fecunda tradição passada. Assim, as filosofias da educação e as teorias pedagógicas oferecem uma miríade de orientações e práticas.

Nessa diversidade, os pensadores representantes de propostas filosófico-pedagógicas – mesmo possuindo caracteres peculiares – possuem pontos em que mais se complementam do que se excluem. Exemplo disso é o consenso, tanto para pragmatistas quanto para filósofos da existência, ocupados com a educação, quanto à educação *ser sempre para a vida*.

Em verdade, essa idéia não é nova. Propugnada por Sêneca, na Antiguidade romana, e repetida pelos teóricos do Renascimento, a idéia chega ao século XX pelas mãos de autores como Paul Natorp (1854-1924), quando propõe sua *Pedagogia social*.

Tendo a colaboração de Hermann Cohen, Natorp sintetiza uma pedagogia sistemática apoiada prioritariamente nas bases do neokantismo; entendendo que o problema da educação é consoante à pergunta pelo homem, tal qual formulada por Kant, incluindo suas possibilidades de conhecer, agir e ajuizar. Entretanto, o autor acentua a dimensão social da educação, justamente por entender que

> [...] a educação está socialmente condicionada em todas as direções essenciais; por outro lado, uma organização verdadeiramente humana da vida social está condicionada por uma educação conforme a ela e aos indivíduos que a compõem. (NATORP *apud* LARROYO, 1957, p. 583)

Segundo o autor, essa premissa seria suficiente para oferecer uma educação da totalidade do homem para uma determinada cultura.

De caráter normativo bastante acentuado pela lógica, ética e filosofia da religião, a pedagogia de Natorp tem em vista o uso público que o indivíduo faz de sua vontade racional. Propondo uma educação capaz de socializar metodicamente a existência humana pela transmissão de valores sociopolíticos, essa pedagogia acabou sendo associada erroneamente a ideologias políticas e convicções partidárias.

O leitor atento poderá traçar paralelos da *Pedagogia social* de Natorp com a *Pedagogia sociológica* de Barth ou com a *Pedagogia socialista* de Kalashnikov, mas escassos são os pontos de conexão dessa filosofia da cultura com a existencial em Heidegger.

Com enfoque também social, John Dewey (1859-1952) é quem radicaliza o nexo entre a vida e a educação, fazendo-o pragmaticamente. Seu pragmatismo, não se interessa pela metafísica como busca da verdade em si, tampouco por sua relação intrínseca à educação. Desde o período em que conviveu com seu mestre William James, compreendia a verdade como produto da relação de adequação do pensamento à realidade, nunca como fundamento ontológico. Assim, desqualifica outro acesso à verdade que não o instrumental, para ele, o único capaz de guiar os atos humanos com aptidão de pensamentos, em função das experiências. Por seu turno, a educação seria um meio para que o homem se ajustasse de modo flexível às formas da vida social com as quais interage.

A educação nos reportaria à experiência característica da vida em sua crescente complexidade, remontando-a; dessa feita, seria processo vital no qual está em jogo seu crescimento e complexificação. Possuindo um fim em si própria, a educação almeja mais educação; não sendo "uma formação para a vida adulta com fins alheios, impostos de fora, mas sim a atenção às possibilidades presentes que favorecem as futuras" (DEWEY, 1966, p. 46). Nesse caso, também o educar é vida em seus diversos estados sociais, e, suas reorganizações, pontos observáveis à luz de uma filosofia da vida.

Não temos notícia de que Heidegger teria comentado o pragmatismo, mas é possível entender (como nos permite o §1° de *Ser e tempo*) que essa tendência, ao tomar a verdade desde a compreensão derivada da utilidade e de seu resultado prático, estaria entre as que rejeitam a metafísica, preterindo-a juntamente com aquela pergunta mais fundamental após valorar sua "eficácia". Seria preciso avaliar, contudo, como essa objeção possível a partir de Heidegger, teria influência sobre as técnicas da *Pedagogia ativa* decorrente dessa.

Ao lado das propostas de uma educação pragmática, surge a *Pedagogia da vida*. Associada às ciências do espírito, como a história e a psicologia, abarca autores como Nietzsche, Bergson, Simmel e Spengler (LARROYO, 1957). Contudo, embasada na dita "filosofia da vida",[1] essa se serve principalmente das idéias de Wilhelm Dilthey (1833-1911).

Do referido filósofo, a educação ganharia uma compreensão filosófica renovada da vida. Ela agora é existência humana, não apenas função biológica relativa aos animais e vegetais; tampouco o *comercium* com o mundo físico e social, mas fenômeno em cuja dinâmica seria possível abordar "a própria vida". Heidegger, tendo estudado o autor, apresenta-nos:

> A imagem de Dilthey que permanece hoje é a do "sutil" intérprete da história do Espírito, especialmente da história literária. "Também" se esforçou por delimitar a fronteira entre as ciências da natureza e as ciências do espírito, atribuindo à história dessas ciências e também à "psicologia" um papel privilegiado e inserido todo numa "filosofia da vida", de caráter relativista. Para uma consideração superficial, essa caracterização é "correta". A ela, no entanto, se contrapõe a "substância". Pois encobre mais do que a revela. (HEIDEGGER, 1996, p. 363)

Dividindo a filosofia de Dilthey em três campos, Heidegger observa a ênfase nos conteúdos de uma ciência do espírito (em contraste às naturais); nas pesquisas sobre história das ciências e na psicologia. Essa última recebe destaque por apreender a vida em seu nexo com a história, para a qual o homem não só é objeto, mas também ponto de partida.

No panorama deste que se faz história é que residiria o risco da vida – em sua dinâmica – ser interpretada como também um ente (de modo ôntico). Segundo essa compreensão derivada, seus fenômenos seriam facilmente tomados por elementos de uma opinião comum intercambiável socialmente.

Heidegger compartilha do parecer do conde de Yorck quando, em algum lugar de sua correspondência com Dilthey,

---

[1] Veja-se a esse respeito o terceiro Capítulo da biografia de Safranski (2000) sobre Heidegger. Ele possui uma apresentação bastante satisfatória das idéias da Filosofia da vida, incluindo o contexto histórico da sua recepção pelo jovem Heidegger.

afirma que uma pedagogia, afim a essas premissas, teria a tarefa de desmontar metodicamente a *communis opinio* devolvendo à vida uma percepção livre desses embotamentos. Essa pedagogia, pensada como ciência do espírito, teria função vivificadora, tornando possível que o homem "viva de acordo com a essência criadora do espírito" (LARROYO, 1957).

Os pensamentos dos autores se assemelham em alguns pontos; observemos que: o uso que Dilthey faz da palavra vida (*Leben*) é aproximado ao *ser-aí* (*Dasein*) de Heidegger; ambos resguardam a idéia de existência como somente realizável historicamente; os dois acenam à possibilidade da compreensão da vida decair na mediania do cotidiano, e tanto um quanto o outro entendem a filosofia como manifestação da vida, não entregue a uma meia-compreensão, mas uma atinente à existência singular.

A copertinência entre vida e filosofia é algo nítido na obra de Dilthey; com essa, entendemos a filosofia não como aquilo capaz de provocar "a expectoração de um pensamento", mas resultado de parcimoniosa conquista do *ser-aí* humano. Esse é o motivo pelo qual Heidegger faz objeções à designação "filosofia da vida", como ele mesmo expõe em suas preleções sobre Nietzsche: "Esse título, que há ainda mais tempo se mostra como dileto, deve levantar concomitantemente a suspeita de que a filosofia é em outros casos para os mortos e, com isso, de que ela é, no fundo, prescindível" (HEIDEGGER, 2007, p. 8). Assim, falar de uma filosofia da vida[2], opondo-a à filosofia tradicional, induz-nos à incorreção de pensar que essa segunda não partiria de problemas relativos às vivências, sendo coisa ultrapassada e preterível. Quem pretendesse sustentar tal hipótese, atrairia para si o embaraço de ter de afirmar juntamente que Platão, Agostinho, Mestre Eckhart, Spinoza e Schelling são menos filósofos da vida que os da referida corrente; o mesmo argumento pode ser estendido à *Pedagogia da vida*, frente a antecessores como Quintiliano, Orígenes, Da Feltre, La Salle e Pestalozzi.

---

[2] Como já dissemos no Capítulo I, deste trabalho.

A propósito das duas últimas escolas filosófico-pedagógicas comentadas, um autor do século XIX aparece apontado pela literatura como pertencente a ambas e, ainda, ligado às ditas pedagogia revolucionária e a existencialista, críticas à Romântica: Friedrich Nietzsche (1844-1900). Entretanto, não é ponto pacífico a ligação do filósofo a elas. Se é discutível a vinculação do autor de Röcken a essas escolas, torna-se cada vez mais incontestável sua contribuição à educação.[3]

Os pontos que inspiram reflexões acerca da educação em Nietzsche são mais explicitamente comentários críticos quanto à educação em sua época, quando essa tendia a um nivelamento dos indivíduos com uma educação essencialmente reprodutora de conteúdos. O processo educativo em moldes prussianos, embora fosse eficaz, fazendo com que a Alemanha fosse uma das potências mais escolarizadas da Europa, por outro lado, tergiversava o caráter singular de cada indivíduo, nivelando-os. Desse modo, é possível identificar no questionamento "como tornar-se o que se é?" (formulado por Nietzsche a partir da sentença de Píndaro), princípios filosóficos de uma educação para a singularidade. Essa educação teria a finalidade de fazer o homem "saber-se de si fora do vulgar: tornar-se sabedor de si mesmo, não só como indivíduo, mas como humanidade." Esses termos, mesmo sem partir das concepções da fenomenologia ou de uma filosofia existencial, seriam endossados por Heidegger, quando também nesse se podem encontrar indicações de que uma educação deveria apontar à existência autêntica e singular (HEIDEGGER, 1994).

Oscilando entre Nietzsche e Dilthey, diversas são as idéias propostas para a educação. Na esteira desse segundo, Theodor Litt (1880-1962) propõe uma pedagogia afim às concepções do mundo e da vida, influente nos círculos

---

[3] Diante da amplitude de uma exposição concreta da importância e penetração do pensamento de Nietzsche na educação, abonamo-nos dela ao recomendarmos os estudos de G. Gusdorf a respeito do tema. Esses, junto com outros títulos relativos, encontrados em nossa bibliografia, cumprem melhor a tarefa de uma introdução.

pedagógicos orientados pelas filosofias da existência. Entendendo a educação também como ciência do espírito, o autor dá-lhe caráter especulativo, empírico e normativo. Desse modo, no processo ensino/aprendizagem a inteiração docente/discente passa a ser valorizada sendo responsável pela formação intelectual e prática, não só de um indivíduo, mas da sociedade. O método dessa doutrina reuniria elementos da dialética de Hegel, da fenomenologia de Husserl e da hermenêutica de Dilthey, evidenciando o parentesco com as matrizes do pensamento de Heidegger.

Servindo-se das mesmas fontes que o anterior, Wilhelm Flitner (1889-1990) apresenta a Pedagogia existencial de caráter igualmente especulativo, trazendo enfaticamente a reflexão da filosofia existencial ao bojo das circunstâncias pedagógicas. Essa reflexão tem aspiração de esclarecer categorias da realidade educativa, de modo a conduzir as análises e explicações da condição do homem no mundo. Tal pedagogia compreende que a existência humana é histórica entendendo que ela deve ser compreendida nesse pano de fundo, explicando-se a partir dos conceitos de existência, transformação e devir. Daí, "a investigação dos fatos importantes à educação aproveita métodos simples ou combinados das ciências especiais e escolhe problemas particulares da realidade educativa. Assim procedem a Antropologia filosófica, a medicina pedagógica, a biologia, a etnografia e, ainda a história da Educação" (LARROYO, 1957, p. 598).

Entre as categorias investigadas por Flitner, Max Scheler (1874-1928) enfatizará a cultural *do ser*. Com enfoque ainda metafísico, mas acentuado pela fenomenologia de Husserl, Scheler indica que a autêntica educação condiz a uma dimensão de ser, e não de saber. Daí, como também já teria dito Spranger, a educação não seria a transmissão de bens culturais, pois o homem se conhece e se educa ao realizar-se (ou essencializar-se) nas suas vivências. Posição explicada no seguinte comentário de Heidegger:

> Em certo sentido, todos os problemas centrais da antropologia filosófica se deixam conduzir à questão de saber o

que é o homem e qual é sua posição e situação metafísica na totalidade dos entes, no mundo e em Deus". Mas Scheler também vê, com especial agudeza, que a diversidade de determinações relativas à essência do homem não se deixam envolver em uma definição comum: "O homem é coisa tão vasta, variada e diversa que todas as numerosas definições que ele tem lhes ficam um pouco curtas nas mangas." Assim, o cuidado de Scheler em seus últimos anos se reforça e se renovam em frutos não apenas trazendo uma idéia integral de homem, mas ainda do resolver as dificuldades essenciais e complicações dessa tarefa. (HEIDEGGER, 1987, p. 190)

Ressalta-se aqui, como já feito em *Ser e tempo*, que, para Scheler (como também para Dilthey), o saber é uma "relação ontológica" (HEIDEGGER, 1994, p. 277). Isso aproxima a compreensão que o autor comentado tem do homem (como subjetividade sintetizadora de vivências) de uma dimensão, sem que isso ainda signifique dizer que Scheler parte de uma análise fundamental do *ser-aí*.

Indicações das idéias para uma educação em Scheler, afins à problemática de uma Antropologia filosófica (por envolver implicitamente a pergunta pela essência do homem), podem ser encontradas em toda sua obra, seja em sua fenomenologia dos valores, na sua sociologia do saber, seja nos estudos de filosofia da religião.[4]

Os fatos das idéias da educação terem sofrido influência das filosofias da existência, em fins da década de 1920, não significa que elas teriam adotado atitude individualista, descartando as tendências sociais. Ernst Krieck (1882-1947) ainda propõe idéias sociais, contudo, contrárias ao ideal democrático e mais tarde, filiado ao nacional-socialismo.

Antes de ser identificado como o "pedagogo mais abertamente nazista de primeira hora" (FARIAS, 1988, p. 103), sua pedagogia objetivava adquirir única e exclusivamente o

---

[4] Os elementos de uma educação segundo Max Scheler recebem uma apresentação abrangente e didática no segundo Capítulo da obra *Fenomenologia da educação* (Cf. CIRINGLIANO, 1974).

conhecimento de elementos como classes, graus e normas do processo da educação, para, secundariamente, tratar dos fins e metodologias do ensino. Como *ciência pura da educação*, essa tem por conteúdo o conhecimento da realidade por meio de suas normas, como fariam as ciências como a aritmética e a geometria.

Ao conhecer os elementos do educar, achava Krieck poder determinar a educação como função originária da vida humana. Por esse processo, os indivíduos passariam a pertencer à comunidade na qual estão inseridos. A educação seria, portanto, um processo formativo do espírito, no qual, necessariamente, há uma dimensão empírica nas quais se ordenam as relações sociais; podendo ainda ser definida, como: "Toda espécie de formação que surge da influência espiritual" (CIRIGLIANO, 1974, p. 51). Considerando as características de cada grupo, e tendo a história como contraponto, a educação para o autor adotaria por método a referência a tipos exemplares da história, como o herói grego, o orador romano ou o cavaleiro aristocrata medieval.

Posteriormente, Krieck adapta sua teoria aos propósitos da ideologia nazista, reduzindo o conceito de vida às compreensões de raça e espaço vital; passa, assim, a denominá-la de *Educação racial popular* (LARROYO, 1957, p. 591).

Sabe-se que Krieck – durante o período que foi representante de uma das alas mais radicais do Partido nacional-socialista – fez pesadas críticas a Heidegger, não só por seu engajamento, mas também por suas propostas à educação, reputadas "funestas". O pedagogo usou de sua influência junto às instâncias superiores do Partido para demover qualquer apoio ao filósofo; fazendo que suas idéias não se realizassem.

Entre os maiores críticos de Heidegger está Theodor Wiesegrund Adorno (1903-1969). Veiculado ao *Instituto para a Pesquisa Social* (*Institut für sozial Forschung*), de Frankfurt/Alemanha. Adorno estudou fenômenos marcantes daquela época de efervescentes transformações sociopolíticas. Propositor de uma síntese arrojada entre a filosofia clássica e as ciências humanas, conjugando o marxismo a certa vanguarda do pensamento burguês, a sociologia weberiana e a psicanálise de Freud, essas idéias (agregadas às contribuições de outros colaboradores como Walter Benjamim, e Max Horkheimer) passariam a ser conhecidas como a *teoria crítica da Escola de Frankfurt*.

Intérprete de Kant e da tradição Iluminista, Adorno acreditava que a educação seria um modo através do qual poderíamos desmistificar o modelo ideológico vigente na sociedade capitalista e seus muitos mecanismos de padronização do homem. Sendo a única a permitir sua participação crítica na sociedade, a educação deveria promover a emancipação do indivíduo, habilitando-o a fazer uso de sua razão de maneira autônoma.[5]

O autor, contudo, reconhece os muitos empecilhos a uma educação emancipadora, entre eles: a) o fato de o conceito de emancipação ainda ser demasiado abstrato para a educação, necessitando de uma interface que o introduza nesse pensamento e na prática pedagógica; b) o ato de essa educação opor-se àquela que tem por objetivo a adaptação do indivíduo a um modelo a ser replicado; c) o risco do conceito de emancipação criar a partir do arquétipo do "homem emancipado" um ideal a ser seguido (ADORNO, 2003).

Quanto ao último ponto, Adorno é crítico, justamente entendendo que esse representaria um modelo ideal (*Leitbild*), estando, pois, na esfera de um jargão de autenticidade, com esse, vigoraria um comportamento autoritário no qual padrões são ditados aos indivíduos exogenamente, heteronomamente. A crítica de Adorno ataca os fundamentos desse modelo por neles haver quem decida e prescreva a educação dada aos outros, o que equivale dizer que determinaria também como esses deveriam pensar.

O filósofo diagnostica, por esses sintomas, uma crise nas idéias de educação, que deriva de uma outra da qual padeceria a própria sociedade moderna (a segunda crise

---

[5] Veja-se mais acerca do pensamento pedagógico de Adorno em Pucci *et al* (2001)

negligenciada por Heidegger). Para Adorno, essa situação crítica, antes de encontrar respaldo em orientações das políticas públicas de ensino, encontraria bases numa "ontologia existencial de autoridade". Em um ataque velado a Heidegger, Adorno propõe que uma educação rejeitaria a diversidade dos indivíduos por dificultar sua "orientação existencial", redundando em uma "glorificação da heteronomia". Premissa que parece discordar com a idéia de uma educação para a singularidade, possível desde o pensamento de Heidegger (ADORNO, 2003).

A tarefa de aproximação de Heidegger a outros autores com influência na educação é, aqui, fadada à incompletude, posto que tal exercício encontraria repercussão em outras idéias de seu tempo e nas que vêm sendo propostas atualmente. Seria possível, por exemplo, ainda refletir acerca dos pontos de convergência do pensamento de Heidegger com os sociointeracionistas, uma vez que certas afirmativas do alemão[6] bem poderiam ser associadas as do *construtivismo* de Jean Piaget (1896-1980)[7]. O existencialismo cristão de Paulo Freire (1921-1997) poderia dialogar com Heidegger, se, respectivamente, pensarmos o quanto uma *educação como prática de liberdade* teria a ver com o *cuidado*. Igualmente intrigante seria especular se há ecos do pensamento de Heidegger em teóricos pós-modernos da educação como Edgard Morin (1921-). À luz da filosofia do primeiro, ousaríamos dizer que, nesse autor, se a tese dos sete saberes necessários à educação do futuro pretende alguma legitimidade, não poderia desconsiderar que, entre eles, "o ensinar a *condição* humana" (a *dimensão existencial* de ser-no-mundo) tem primado fundamental sobre os outros. Essas ficam como ensejo de um posterior desdobramento teórico.

---

[6] Heidegger (2001) propõe, por exemplo, que: "O autêntico pensar não pode ser apreendido nos livros. Também não pode ser ensinado, se o mestre não continuar sendo um discípulo até a velhice" (p. 251).

[7] Associações, contudo, devem guardar cuidado para não tomar o aprender em Heidegger como na epistemologia genética do autor suíço.

CONSIDERAÇÕES FINAIS

Pusemos-nos no caminho do pensamento para tratar da educação valendo-nos da filosofia de Martin Heidegger. Tivemos o objetivo de identificar pontos em que as idéias do filósofo poderiam nos dar a pensar o tema. Entre outras metas, buscamos apresentar aos interessados nos problemas da educação algumas contribuições do pensamento de Heidegger à história da Educação.

Um primeiro exame sobre a matéria de que dispúnhamos logo nos fez constatar que não tratávamos de filosofia da educação, pois poucos e esparsos são os momentos em que o filósofo fala da educação e que, embora ligada à existência, esta, bem como a ética e a estética, ainda seriam uma *questão derivada* da primeira a ocupar a pauta de Heidegger: *a questão do ser*.

O fato de o autor não ter tratado sistematicamente a educação não é pretexto para dispensarmos as implicações que essas poucas falas teriam na cena do século XX. Entendendo que a educação é relativa à vida e, esta, à filosofia. Todo o pensamento de Heidegger pode ser encarado como uma aprendizagem, como uma educação: aquela que se move na correspondência do que há de mais essencial, um aprender a pensar que se expõe ao pensável.

Desde o tempo em que se via filiado à fenomenologia de Husserl, até criar sua síntese própria de influência sobre o existencialismo na educação, o pensamento de Heidegger esteve empenhado em tratar aquela que seria a questão mais fundamental, e, nesse ínterim, o homem, como ser que teria o privilégio de indagar por esse conceito. A análise do homem, pensado como possibilidade existencial, introduziu o conceito de *cuidado* (central para aquela análise desenvolvida em *Ser e tempo*). Mais que peça estratégica na estrutura argumentativa daquele livro, o cuidado é entendido, lá, como essência do existir; aqui, como elemento de uma educação para a singularidade. Essa hipótese se justificou por se pensar o *ser-aí* como uma existência em aberto, dependente de um cultivo continuado, o que nos permite afirmar que a essência do homem estaria no existir e, que essa seria um cuidar por ser e continuar sendo autenticamente. Entretanto, essa evidência ainda seria insuficiente para festejarmos uma "pedagogia do cuidado", além do que a qualificação não só é imprecisa quanto já é utilizada para denominar idéias terapêuticas no século XVIII.

Em um levantamento da literatura da educação, constatamos que as idéias filosóficas de Heidegger são presentes sobretudo quando se referem às compreensões existenciais de educação com ênfase na noção de singularidade.

Essa noção ganhou importância à nossa problematização, ao abordamos a questão de uma educação que destacaria o indivíduo de uma condição da existência na qual não se apropria de si mesmo, devolvendo-o a uma autocompreensão, a uma apropriação, portanto. Nessa temática, o conceito de "impessoalidade" também se destacaria, pois, também na educação, ele favoreceria a reprodução de uma existência distanciada de compreensões significativas a um sentido próprio à existência, em seu modo de ser.

A educação em Heidegger parece então retomar a idéia de educação encontrada na etimologia da palavra *educar*, assim, o *"trazer para fora"*, promovido por sua educação para a singularidade opõe-se à educação como a transmissão de bens culturais, ainda tão em voga.

A compreensão que Heidegger faz de uma educação em geral também reflete acerca da natureza do processo ensino/aprendizagem, no âmbito mais específico de uma pedagogia. Heidegger fala claramente da dificuldade inerente à situação de agir sempre na urgência de *fazer e deixar o discente aprender*, possuindo a responsabilidade dessa decisão mesmo diante da insegurança de *ensinar*. Reflexão que revela ser essa indigência o que se oculta no autoritarismo do *magister dix*.

Ao analisar as propostas de Heidegger para a educação no âmbito público, vimo-nos ligados aos posicionamentos políticos do autor no período em que ocupou o cargo de reitor da *Universidade de Freiburg*. A resolução de abordar essas idéias só foi tomada após muito ponderar, e só foi tomada por entendermos que não poderíamos, ao tratar da educação, furtar-nos de suas implicações sociopolíticas, mesmo em Heidegger. A decisão foi-nos também conveniente por permitir reflexões acerca do paradoxo de uma filosofia (e educação) preocupada com autenticidade e singularidade, aderir à ideologia de uma política autocrática, supressora justamente desses elementos. O tema ainda nos oportunizaria a apresentação da leitura interpretativa que Heidegger faz da alegoria da caverna em Platão, tradicionalmente referenciada pela educação.

A associação de Heidegger a Platão foi apenas uma entre as outras tantas possíveis em nosso último movimento antes dessa conclusão. Sem pretensão de uma historiografia da educação, intentamos pensar em que Heidegger teria a dialogar com os autores da história da educação, cogitando suas contribuições filosóficas. Essa apresentação didática, não pôde mais que um esboço de algumas das alentadas figuras dessa tradição, escolha que se guiou pela proximidade à filosofia de nosso autor. Enfocando a *finalidade*, os *conteúdos* e os *métodos* dessas idéias para a educação, o exame de autores como Nietzsche, Dilthey, Natorp e Scheler, constatou que esses autores mais se complementam do que se excluem, fenômeno talvez explicado por pensar a educação como sempre atinente à *vida*. Esse exercício, entretanto, mais nos ofereceu questões dignas de reflexão do que certezas.

Somadas a essas questões, estariam urgências que requisitam a aplicação prática (e, mesmo, uma análise conjuntural) para uma educação orientada pela noção de cuidado, atendendo às exigências práticas do fazer educativo. Dessas não nos ocupamos aqui, mas concordamos que muitos pontos ainda carecem a uma reflexão filosófica *na* educação. Entre eles, o que nos recorda que a educação não é apenas uma idéia, mas algo só efetivável por meio de métodos, através dos quais as teorias se tornam práticas. Ignorar isso seria desconsiderar seu caráter iminentemente prático, incorrendo naquilo que Moacir Gadotti denuncia como: "[...] um *ópio*, uma *fuga*, um *supplément d'âme*, em resumo, uma caricatura do homem e do pensar" (GADOTTI, 2001, p. 38). Assim, assentimos que a educação cabe aos pedagogos, aos filósofos e a todos dispostos ao educar, fazendo da filosofia da educação não um discurso de eruditos mas de parceiros preocupados em liberar o indivíduo para seu próprio cuidar. Como fazer isso? A indagação ainda não encontrou resposta mais concreta do que as palavras de André Gide em seu *Os frutos da terra* (GIDE, 1982, p. 133):

> Agora, joga fora meu livro. Emancipa-te dele. Abandona-me. Deixa-me; agora tu me importunas; tu me reténs; o amor por ti exagerei em mim ocupa-me demasiado. Estou farto de fingir educar alguém. Quando te disse que queria alguém igual a mim? – É porque diferes de mim que te amo; só amo em ti o que difere de mim. Educar! – e a quem me educaria, senão a mim mesmo? Confessarei. Eu me eduquei interminavelmente [...] Joga fora meu livro; convence-te de que te oferece senão uma das atitudes possíveis em face da vida. Procura a tua [...] só te apegues em ti ao que sintas que não se encontra alhures senão em ti, e cria em ti, impaciente e pacientemente, ah! O mais insubstituível de todos os seres.

CRONOLOGIA DE VIDA E OBRA[1]

1889 • Martin Heidegger nasce em 26 de setembro em Messkirch. Filho dos pais católicos: Friedrich Heidegger (1851-1924), sacristão, e de Joanna Heidegger (1858-1927).

1903-1909 • Estudos secundários no Liceu de Constanz onde teve suas primeiras lições de grego e latim, como preparativos para a carreira sacerdotal.

1909 • Início dos estudos de teologia e filosofia na Universidade de Freiburg.

1911 • Após quatro semestres de teologia, decide dedicar-se inteiramente à filosofia.

1913 • Promoção ao doutorado em filosofia com a tese: *A doutrina do juízo no psicologismo*.

1915 • É nomeado *Privatdozent* na Universidade de Freiburg, com a tese de habilitação à livre-docência: *O tratado das categorias da significação em Duns Scot*. Ministra a aula inaugural: *O conceito de tempo na razão histórica*.

1916 • Heidegger começa a colaborar com as pesquisas de Husserl, com quem desenvolve, aos poucos, uma relação amigável e afetuosa; declara em mais de um momento a admiração pelo método fenomenológico desenvolvido por seu mestre.

1922 • Muito jovem (aos 34 anos de idade) é nomeado professor extraordinário em Marbourg. Começa a aplicar seus ensinamentos de filosofia à releitura dos

---

[1] Dados prioritariamente extraídos de *Cahier de L'herne – Heidegger* (1989).

clássicos obtendo resultado considerado inovador ao cenário intelectual de sua época. No mesmo ano começa a construção de sua pequena cabana na Floresta Negra, onde se recolhia para meditar e trabalhar.

1923-1925 • Publica algumas das suas principais preleções e conferências que preparam a aparição de sua obra maior, *Ser e tempo*. O tempo livre é dedicado às pesquisas de Husserl. Heidegger nesse período goza de grande prestígio. Safranski (2000, p.174) relata que, nos corredores da universidade, comentavam que com Heidegger "o pensamento voltou à vida".

1927 • Publicação da primeira parte de *Ser e tempo*, na *Jahrbuch für Philosophie und phänomenologische Forchung* (Anuário de filosofia e pesquisa fenomenológica) dirigido por Husserl.

1928 • Heidegger é nomeado professor titular (*Ordinarius*) na Universidade de Freiburg. Ano em que fica evidente a diferença entre a analítica heideggeriana do *ser-aí* (*Da-sein*) e a fenomenologia da consciência transcendental husserliana. Constatação feita durante um trabalho de colaboração entre os dois filósofos ao redigir o verbete "Fenomenologia" para a *Enciclopédia Britannica*.

1929 • Encontro com Ernst Cassirer em Davos. Nesse há a disputa da interpretação heideggeriana de Kant, presente em seu *Kant e o problema da metafísica* contra a leitura tradicional daquele que seria o representante mais ilustre da tradição racionalista e do neo-kantismo.

1929-1930 • Preleções sobre *Conceitos fundamentais da metafísica*.

1930 • Recusa ao convite de ocupar a cátedra de filosofia que teria pertencido a Hegel na Universidade de Berlim.

1932-1933 • Preleção *Die Frage nach dem Ding* publicada apenas em 1962 e, posteriormente, para o português, sob o título de *O que é uma coisa?*

1933-1934 • Heidegger é eleito reitor da Universidade de Freiburg em 21 de abril. Faz uma série de discursos convocando os alunos a engajarem-se à ideologia do nacional socialismo. Em fevereiro do ano seguinte, após vários desentendimentos com autoridades governamentais, demite-se de suas funções de reitor recusando ceder às pressões do Partido Nazista para rechaçar os professores opositores ao regime. Curso sobre *A doutrina de Platão sobre a verdade* (somente publicado em 1942).

1935 • Apresenta a conferência *A origem da obra de arte* em Freiburg, dá o primeiro de uma série de cursos sobre Hölderlin, que se repetirão durante os anos seguintes (1939-1943).

1936-1938 • Em seus cursos sobre Nietzsche, opõe-se ao uso do pensamento do autor pelas ideologias racistas do regime nazista. Fica sobre vigilância da Gestapo. Escreve a preleção: *Contribuições à filosofia – Do acontecimento apropriativo*, apontada por muitos como livro mais importante de sua obra após *Ser e tempo*.

1945 • Heidegger comparece diante do Comitê de desnazificação. As autoridades francesas de ocupação suspendem suas funções docentes, proibindo-o de ensinar (*Lehrverbot*).

1945-1950 • A interdição ao ensino não impediu que Heidegger durante os anos seguintes mantivesse suas atividades de pesquisa. Foram anos proveitosos, nos quais o autor trava amizade com o médico e psicanalista suíço Medard Boss e com o francês Jean Beaufret, com quem mantém longa e fecunda correspondência. Planeja um encontro com Jean-Paul Sartre, que não ocorre. Recebe a visita de Lacan. Além da *Carta sobre o humanismo* (1947), o autor produzira um conjunto de quatro conferências apresentadas em Bremen no ano de 1949: *A coisa, O utensílio, O perigo, A virada*.

1951 • Heidegger é reintegrado às suas funções docentes na universidade.

1953 • Publicação do texto da preleção *Introdução à metafísica (1935)*.

1954 • Publicação de seu *Ensaios e conferências*.

1957 • Seminários de Todnauberg.

1959 • Seminários de Zollikon, com Medard Boss. Heidegger é nomeado cidadão honorário de Messkirch. Publicação de *A caminho da linguagem*.

1961 • Publicação das Preleções sobre Nietzsche (volumes I e II).

1962 • Apresentação da conferência *Tempo e ser*. Primeira visita à Grécia, para a qual retorna em 1967 para dar o curso que ficou conhecido como *Conferência de Atenas*.

1966-1967 • Seminário sobre Heráclito na Universidade de Freiburg ao lado de Eugene Fink. Seminários de Thor (repetidos nos anos de 1968-69). Entrevista à revista *Der Spigel*, publicada postumamente, por exigência do autor.

1969 • Entrevista para televisão alemã concedida a Richard Wisser.

1972 • Publicação de seus escritos de juventude.

1973 • Seminários de Zähringen.

1976 • Heidegger morre em 26 de maio e é enterrado em Messkirch. Publicação do primeiro volume de suas *Obras completas (Gesamtaugabe)*.

Sites de interesse na internet

Muitos são os sítios disponíveis na internet sobre Martin Heidegger, entre esses há os interessantes e até com algum valor, mas poucos são satisfatórios para uma pesquisa de interesse acadêmico e pouquíssimos dignos de uma rigorosa recomendação. Essa avaliação toma por critério de análise os conteúdos, pois se constata que a maioria traz apenas dados biográficos e cronologias; alguns exploram de maneira sensacionalista episódios da vida do autor e outros contêm textos de procedência nem sempre confiável.

Listamos aqui alguns *sites*, transigindo por entender que seus endereços podem ser úteis ao leigo, interessado em uma pesquisa eventual; e, mesmo, aos estudiosos de Heidegger, com as devidas reservas.

http://www.heideggeriana.com.ar/ – *Heidegger en castellano. Site* com vasto material sobre Heidegger. Possui traduções dos textos do filósofo para o espanhol e textos de comentadores, além de biografias, cronologias, fotos e *links* para outros *sites*.

http://www.webcom.com/paf/hb/gesamt.html – *Heidegger Gesamtausgabe. Site* no qual há os títulos das obras completas do autor editadas pela Vittorio Klostermann. É possível ter, com esse, uma idéia do que já há publicado e o que ainda resta. Também é possível a localização dos textos no conjunto da obra.

http://www.nietzscheana.com.ar/heidegger.html – *Nietzsche en castellano. Site* sobre Nietzsche em língua espanhola, mas com grande acervo de textos de Heidegger comentando Nietzsche ainda não traduzidos ao português. O *site* possui diversos *links* para *sites* interessantes sobre Heidegger.

http://www.webcom.com/~paf/ereignis.html – *Ereignis: Martin Heidegger in English.* Site com boas traduções dos textos de Heidegger para o inglês. Tem links para *sites* de diversos idiomas.

http://www.heidegger.org/ – *Martin-Heidegger-Internetseiten.* Site em alemão com diversos documentos sobre Heidegger, entre eles algumas bibliografias, *links* para outros *sites* de pesquisa e atualidades.

http://www.ub.uni-freiburg.de/ – Página da biblioteca da Universidade de Freiburg im Brisgau. Oferece seu grande acervo sobre filosofia e fenomenologia, conta com publicações digitais disponíveis ao leitor de língua alemã.

http://www.philosophypages.com/hy/7b.htm – *Philosophy pages.* Site da Enciclopédia Britânnica dedicado à filosofia. A página reservada a Heidegger contém um resumo biográfico e alguns tópicos explicativos sobre temas de sua obra. Em língua inglesa.

http://www.cle.unicamp.br/grupofpp/redeheidegger/ – *Rede Heidegger.* Site pertencente a um grupo de estudos da Unicamp que reúne os grupos cadastrados ao CNPq que pesquisam o autor. O *site* possui *links* com textos de autores como W.J. Richardson e Zeljko Loparic.

http://parolesdesjours.free.fr/chemin.htm#audio – *Heidegger vivant.* Site em francês com material audiovisual no qual o filósofo aparece dando entrevistas. Há também depoimentos de autores como François Fédier e François Renault. Comentando temas como *Ser e tempo*, a demissão da Reitoria, a tarefa do pensamento a propósito de Marx e a importância de Heidegger ao mundo atual.

http://heidegger.an-archos.com/ – *Heidegger Philosophical Discussions.* Site em inglês no qual grupos de discussão se encontram para debater e trocar textos de estudo sobre a filosofia de Heidegger.

http://www.webcom.com/~paf/hlinks/techlinks.html – *Heidegger and Technology.* Site interessado nos escritos de Heidegger sobre a questão da técnica moderna. Possui diversos textos de comentário disponíveis para download, além de *links* referentes ao assunto.

http://www.webcom.com/~paf/hb/hbintro.html – *Books introducing Heidegger*. *Site* em inglês recomendando livros introdutórios à filosofia de Heidegger.

Referências

Coerente à tarefa secundária deste livro, ao traduzir as idéias de Heidegger ao público interessado na educação, a presente bibliografia não só declara fontes utilizadas, mas indica bibliografia ampla àqueles que pretendem uma aproximação à filosofia do autor. O leitor encontra, aqui, referências às obras de Heidegger, sem as quais uma introdução seria dificultosa, e à diversa literatura de comentaristas filosóficos e da educação, em que se encontra menção a apropriações das idéias do autor.

Normalmente priorizando os textos traduzidos, atentos à necessidade do leitor de língua portuguesa, reservou-se, nessa, o espaço à bibliografia em outros idiomas, aconselhada nos casos em que as traduções cuja versão ao português possuam insuficiências.

ADORNO, T. W. *Educação e emancipação*. Trad. Wolfgang Leo Maar. 2. ed. Rio de Janeiro: Paz e Terra, 2003.

ADORNO, T. W. *Jargon of authenticity*. 2. ed. Trad. Knut Tarnowski *et al*. New York: Cambridge University Press, 1990.

AXELOS, K. *Introdução ao pensamento do futuro*. Trad. Emmanuel Carneiro Leão. Rio de Janeiro: Tempo Brasileiro, 1969.

BEAUFRET, J. *Introdução às filosofias da existência*. São Paulo: Duas Cidades, 1976.

BRANDOM. R. Heideggers Kategorien in Sein und Zeit. In: *Deutsche Zeitschift für Philosophie*. Berlin, n. 45, p. 531-549, 1997.

BOFF, L. *Saber cuidar*: Ética do humano – compaixão pela terra. Petrópolis: Vozes, 1999.

CANIVEZ, P. *Educar o cidadão?* Ensaio e textos. Trad. Estela dos Santos Abreu et al. Campinas: Papirus, 1991.

CIRINGLIANO, G. F. J. *Fenomenologia da educação*. Trad. Isaida Bezerra Tisott. 3. ed. Petrópolis: Vozes, 1974.

CORRÊA, J.; Souza J. V. Projeto pedagógico: a autonomia construída no cotidiano escolar. In: *Gestão da escola* – Desafios a enfrentar. Org. Sofia Lerche Vieira. Rio de Janeiro: DP&A, p. 47-77, 2002.

COMENIUS, J. A. *Didática magna* – Tratado da arte universal de ensinar tudo a todos. 4. ed. Lisboa: Calouste Gulbenkian, 1996.

DELORS, J. *et al. Educação:* Um tesouro a descobrir. Relatório para a UNESCO da Comissão Internacional sobre Educação para o Século XXI. In: UNESCO. 2. ed. São Paulo: Cortez; /Brasília: MEC, 2000.

DEWEY, J. *Democracy and education.* Nova York: The Free Press, 1966.

DIAS, R M. *Nietzsche educador.* São Paulo: Scipione, 2003.

DREYFUS, H. L. *Being-in-the-World:* A Commentary on Heidegger's 'Being and Time', Division I, Cambridge: Mass MIT Press, 1991.

FARIAS, V. *Heidegger e o nazismo.* Trad. Sieni Maria Campos. Rio de Janeiro: Paz e Terra, 1988.

FIGAL, G. *Martin Heidegger* – Fenomenologia da liberdade. Trad. Marco Antônio Casanova. Rio de Janeiro: Forense Universitária, 2005.

FIGAL, G. *Heidegger zur Einführung.* Hamburg: Junius, 2007.

FUMANGA, M. Carta ao pedagogo. In: *Educação de jovens e adultos* – Vivências e experiências Org. Sonia Regina Andrade de Carvalho et al. Niterói, Intertexto, p. 121-136, 2004.

GADAMER, H.-G. Un écrit 'theologique' de jeunesse. In: HEIDEGGER, M. *Interprétations Phénoménologiques D'Aristote.* Trad. J.-F Courtine. Paris: Gallimard, 1976.

GADOTTI, M. Idéias diretrizes para uma filosofia crítica da educação. In. *Educação e poder:* Introdução a uma pedagogia do conflito. São Paulo: Cortez, 2001.

GIDE, A. *Os frutos da terra.* Trad. Sergio Milliet. São Paulo: Círculo do Livro, s/d.

GILES, T. R. *Filosofia da educação.* São Paulo: EPU, 1987.

GUSDORF, G. *Professores para que?* Para uma pedagogia da pedagogia. 4. ed. Lisboa: Moraes, 1978.

HEIDEGGER, M. *Sein und Zeit.* 13. ed. Tubingen: Max Niemeyer Verlag, 1993.

HEIDEGGER, M. *Being and Time.* Trad. Joan Stambaugh. New York: State University of New York Press, Albany, 1996.

HEIDEGGER, M. *Cahier de L'herne* – Heidegger. Paris: Le livre de pouche. n. 4048, 1989.

HEIDEGGER, M. *Conceitos fundamentais da metafísica:* mundo-finitude-solidão. Trad. Marco Antônio Casanova. Rio de Janeiro: Forense Universitária, 2003.

HEIDEGGER, M. *Correspondance avec Elisabeth Blochmann.* Paris: Gallimard, 1966.

HEIDEGGER, M. *Escritos políticos 1933-1966.* Trad. José Pedro Cabrera. Lisboa: Instituto Piaget, 1994.

HEIDEGGER, M. *Essência do fundamento* In: Col. Os Pensadores. Trad. Ernildo Stein. Rio de Janeiro: Nova Cultural, 2005.

HEIDEGGER, M. La doctrine de Platon sur la vérité. In: *Question II.* Trad. Kostas Axelos. Paris: Gallimard, 1990.

HEIDEGGER, M. *Língua de tradição e língua técnica.* Trad. Mário Botas. Lisboa: Passagens, 1999.

HEIDEGGER, M. *Kant und das Problem der Metaphysik.* Frankfurt am Main: Vittorio Klostermann, 1987.

HEIDEGGER, M. *Nietzsche I.* Trad. Marco Antônio Casanova. Rio de Janeiro: Forense Universitária, 2007.

HEIDEGGER, M. *Que é uma coisa?* Trad. Carlos Morujão. Lisboa: Edições 70, 1987.

HEIDEGGER, M. *Seminários de Zollikon.* Trad. Gabriela Arnhold, Maria de Fátima de Almeida Prado. São Paulo: EDUC; Petrópolis: Vozes, 2001.

HEIDEGGER, M. A questão fundamental da filosofia. In: *Ser e verdade.* Trad. Emmanuel Carneiro Leão. Petrópolis: Vozes, 2007a.

HEIDEGGER, M. *Was heist Denken?* 4. ed. Tübingen: Niemeyer, 1984

HOLANDA, L. S. B. de. O mundo como reverência – sobre a mímesis em Platão. In: *Phrónesis – Revista do Programa de pós-graduação em Filosofia da PUC-Campinas.* Campinas. v. 7, n. 2, p. 205-220, 2005.

HUSSERL, E. *Husserliana* – Gesammelte Werke. Band XV – Zur Phänomenologie der Intersubjetivität. 3. v. Martinius Nijhoff: Haia, 1973.

HUSSERL, E. *Meditações cartesianas* – Introdução à fenomenologia. 2. ed. Trad. Maria Gorete Lopes e Sousa. Porto: Rés, 2001.

JAEGER, W. *Paidéia* – A formação do homem grego. Trad. Arthur M. Parreira. São Paulo: Martins Fontes, 2001.

JONAS, H. *Le principe de responsabilité.* Paris: Flammarion, 2000.

INWOOD, M. *Dicionário Heidegger.* Trad. Luísa Buarque de Holanda. Rio de Janeiro: Jorge Zahar, 2002.

KAHLMEYER-MERTENS, R. S. *Filosofia primeira* – Estudos sobre Heidegger e outros autores. Rio de Janeiro: Papel Virtual, 2005.

KAHLMEYER-MERTENS, R. S. Heidegger educador: Acerca do aprender e do ensinar. In: *Aprender – Cadernos de filosofia e psicologia da educação.* Vitória da conquista, UESB, v. 3, n. 4, p.161-171, 2005.

KANT, I. Anthropologie in pragmatischer Hinsicht. In: *Werke.* hrsg. Wilhelm Weischedel, v. 2. Frankfurt am Main, 1977.

KANT, I. *Sobre pedagogia.* Trad. Francisco Cock Fontanella. 2. ed. Piracicaba: UNIMEP, 1999.

KNELLER, G. F. *Introdução à filosofia da educação.* Trad. Álvaro Cabral. Rio de Janeiro: Zahar, 1996.

LAROSSA, J. *Nietzsche & a educação.* Trad. Alfredo Veiga-Neto. Belo Horizonte: Autêntica, 2002.

LARROYO. F. *História general de la pedagogia.* 5. ed. México: Porrua, 1957.

LOPARIC, Z. *Heidegger.* Rio de Janeiro: Zahar, 2004.

LOPARIC, Z. *Heidegger. Réu:* Um ensaio sobre a periculosidade da filosofia. Campinas: Papirus, 1990.

MAC DOWELL, J. *A gênese da ontologia fundamental de M. Heidegger:* Ensaio de caracterização do modo de pensar "Sein und Zeit". São Paulo: Loyola, 1993.

MANN, T. *A Montanha mágica.* Trad. Herbert Caro. São Paulo: Círculo do Livro, s/d.

MARTINS, J. *Um enfoque fenomenológico do currículo:* Educação como poíesis. Org. Vitória Helena Cunha Espósito, São Paulo: Cortez, 1992.

NIETZSCHE, F. W. *Assim falou Zaratustra:* Um livro para todos e para ninguém. Trad. Mário da Silva, 7. ed. São Paulo: Bertrand, 1994.

NIETZSCHE, F. W. *Escritos sobre educação.* Trad. de Noéli Correia de Melo Sobrinho. Rio de Janeiro: Ed. PUC - Rio; São Paulo: Loyola, 2004.

OZMON, H. A.; CRAVER, S. M. *Fundamentos filosóficos da educação.* Trad. Ronaldo Cataldo Costa. 6. ed. Porto Alegre: Artmed, 2004.

PAVIANI, J. *Problemas de filosofia da educação.* 4. ed. Petrópolis/RJ: Vozes, 1988.

PASQUÁ, H. *Introdução à leitura do Ser e Tempo de Martin Heidegger.* Trad. Joana Chaves Lisboa: Instituto Piaget, 1993.

PILETTI, C.; PILETTI, N. *Filosofia e história da educação.* São Paulo: Ática, 2002.

PLATÃO. *A República*. Trad. Maria Helena da Rocha Pereira. 7. ed. Lisboa: Calouste Gulbenkian, 1993.

PLATÃO. *Platonis Opera*. Org. Ioannes Burnet. v. 2. Oxonii e Typographeo Clarendoniano/Oxford University Press: New York, 1991.

PRECHTL, P. *Husserl zur Einführuung*. Hamburg: Junius, 1991.

PUCCI, B.; RAMOS-DE-OLIVEIRA, N.; ZUIN, A. A. *Adorno:* o poder educativo do pensamento crítico. 3. ed. Petrópolis: Vozes, 1999.

RAMOS, R. O ens realissimum e a existência: Notas sobre o conceito de impessoalidade em *Ser e Tempo*, de Martin Heidegger. In: *Revista Kritérion*. Belo Horizonte, UFMG, n. 104, p.111-129, 2001.

RICHARDSON. W. J. *Heidegger:* Through phenomenology to thought. Haia: Martinius Nijhoff, 1967.

SAFRANKI, R. *Heidegger:* Um mestre na Alemanha entre o bem e o mal. Trad. Lya Luft. São Paulo: Geração, 2000.

SALAS, M. M. La doctrina platónica de la verdad. In: *Filosofia – Revista del postgrado de la Universidad de Los Andes*. Mérida: Faculdade de Humanidades y Educación, n.14. p 209-232, 2003.

SAVIANI, D. *Escola e democracia: Polêmicas de nosso tempo*. Campinas: Autores Associados, 1995.

SAVIANI, D. *Educação:* Do senso comum à consciência filosófica. 6. ed. São Paulo: Cortez; Autores Associados, 1985.

SEQUEIROS, L. *Educar para a solidariedade:* Projeto didático para uma nova cultura de relação entre povos. São Paulo: Artmed, 2000.

SHIRER, W. L. *Ascensão e queda do III Reich*. Trad. Pedro Pomar. 3. ed. Rio de Janeiro: Civilização Brasileira, 1963.

STEIN, S. A. *Por uma educação libertadora*. 8. ed. Petrópolis: Vozes, 1987.

STEINMANN, M. *Heidegger und die Sprache*. Rio de Janeiro: IFCH/PPGFIL, Universidade do Estado do Rio de Janeiro, 2007. [Protocolos de curso ministrado durante os dias 02-04 de abril de 2007].

TCHAKHOTINE, S. *A mistificação das massas pela propaganda política*. Trad. Miguel Arraes. Rio de Janeiro: Civilização Brasileira, 1967.

VEIGA-NETO, A. *Foucault & a educação*. 2. ed. Belo Horizonte: Autêntica, 2005.

ZARADER, M. *Heidegger e as palavras da origem*. Trad. João Duarte. Lisboa: Instituto Piaget, 1990.

O AUTOR

Roberto S. Kahlmeyer-Mertens nasceu em Niterói/RJ, em 1972. Fez o bacharelado e o mestrado em Filosofia na Universidade do Estado do Rio de Janeiro (UERJ), onde também cursa o doutorado. Desde sua graduação, iniciada em 1995, pesquisa a obra de Martin Heidegger. É professor na *Faculdade de Formação de Professores* da UERJ, onde leciona Filosofia e História da Educação, lecionou também para a *Universidade Cândido Mendes*/UCAM e para o mestrado em Ensino de Ciências do *Centro Universitário Plínio Leite*/UNIPLI. Como professor nessa última instituição, coordena um grupo de pesquisa; é orientador de monografias tendo inúmeras participações em bancas examinadoras.

Filiado ao *Grupo de trabalho Heidegger* da ANPOF, acompanha as discussões do GT de *Filosofia da Educação* da ANPED. Vem participando, há vários anos, de congressos nacionais e internacionais de Filosofia e Educação. É autor de uma série de artigos em revistas periódicas e, entre seus livros, destaca-se *Filosofia Primeira: Estudos sobre Heidegger e outros autores* (Rio de Janeiro: Papel Virtual, 2005), *Verdade-metafísica-poesia* (Rio de Janeiro: Nitpress, 2007) e *Linguagem e método* (Rio de Janeiro: Fundação Getúlio Vargas, 2007).

QUALQUER LIVRO DO NOSSO CATÁLOGO NÃO ENCONTRADO NAS
LIVRARIAS PODE SER PEDIDO POR CARTA, FAX, TELEFONE OU PELA INTERNET.

✉ Rua Aimorés, 981, 8º andar – Funcionários
Belo Horizonte-MG – CEP 30140-071

📱 Tel: (31) 3222 6819
Fax: (31) 3224 6087
Televendas (gratuito): 0800 2831322

@ vendas@autenticaeditora.com.br
www.autenticaeditora.com.br

ESTE LIVRO FOI COMPOSTO COM TIPOGRAFIA GARAMOND -LIGHT E IMPRESSO
EM PAPEL OFF SET 75 G. NA UMLIVRO.
